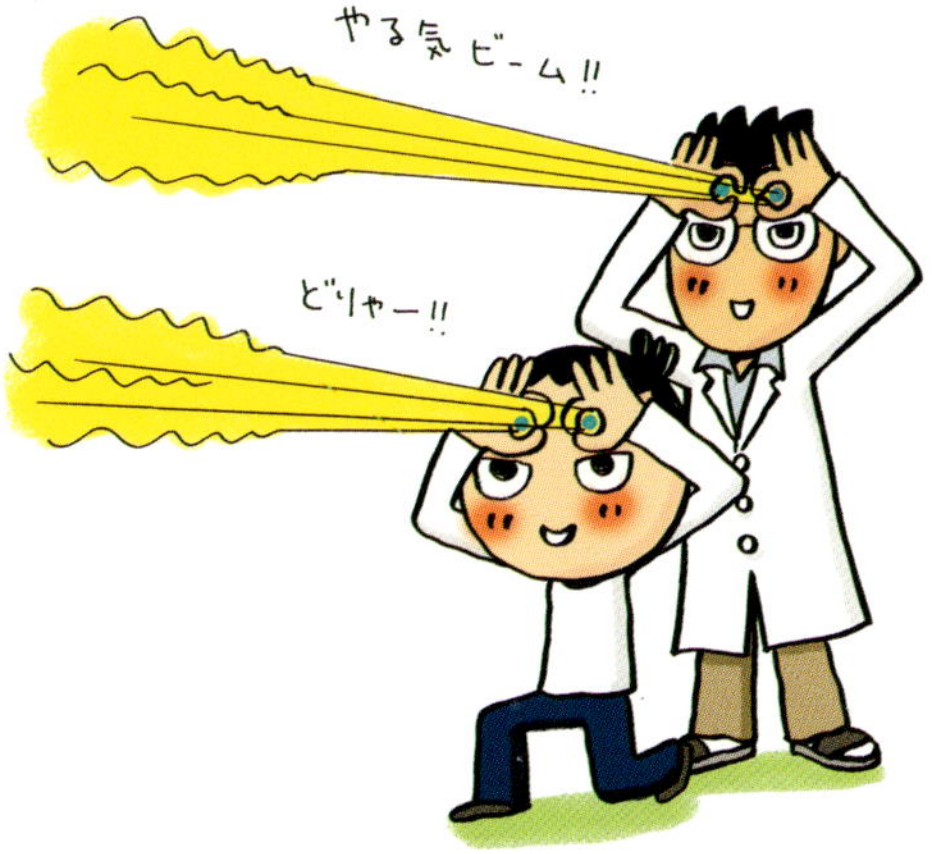

のうだま

やる気の秘密

幻冬舎

小さいころから
「あらトメちゃん
もうあきちゃったの？
あきっぽいね〜」
と言われ続けた
ワタシ

計画表をつくるのは
大好き

でも
次の日に挫折《ざせつ》

オトナになってからも

そんなとき知った
一冊の本

あきっぽいのは
ワタシだけじゃない――?
もしかして「続けるコツ」って
自分の中にあるのかも――?

これを書いた池谷裕二《いけがやゆうじ》さんにいろいろ聞いたら
「続けるコツ」がわかるかも！
だっ
あきらめるのはまだはやいっ
東大赤門

のうだま

やる気の秘密

目次

第3章
やってみよう編 …… 95

まずは20回、続けよう! …… 96

脳はここにある！

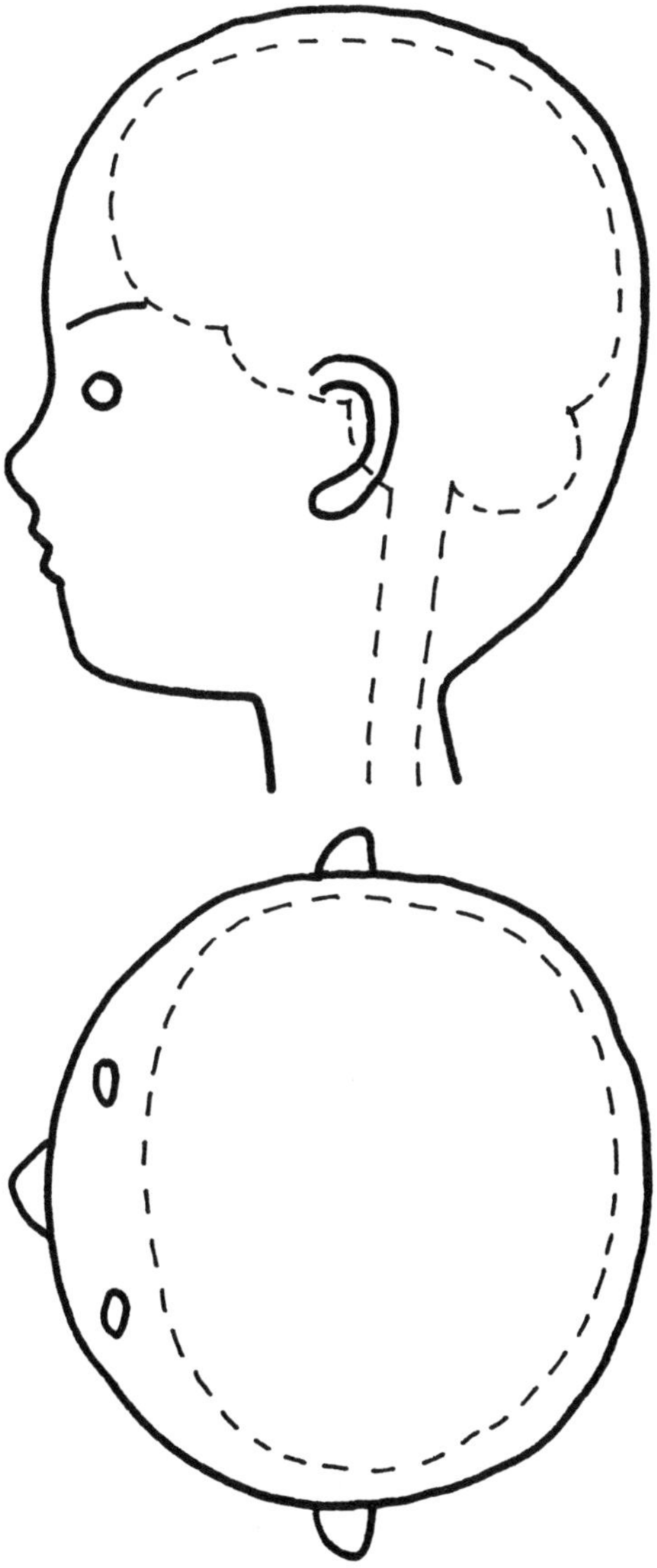

断面図

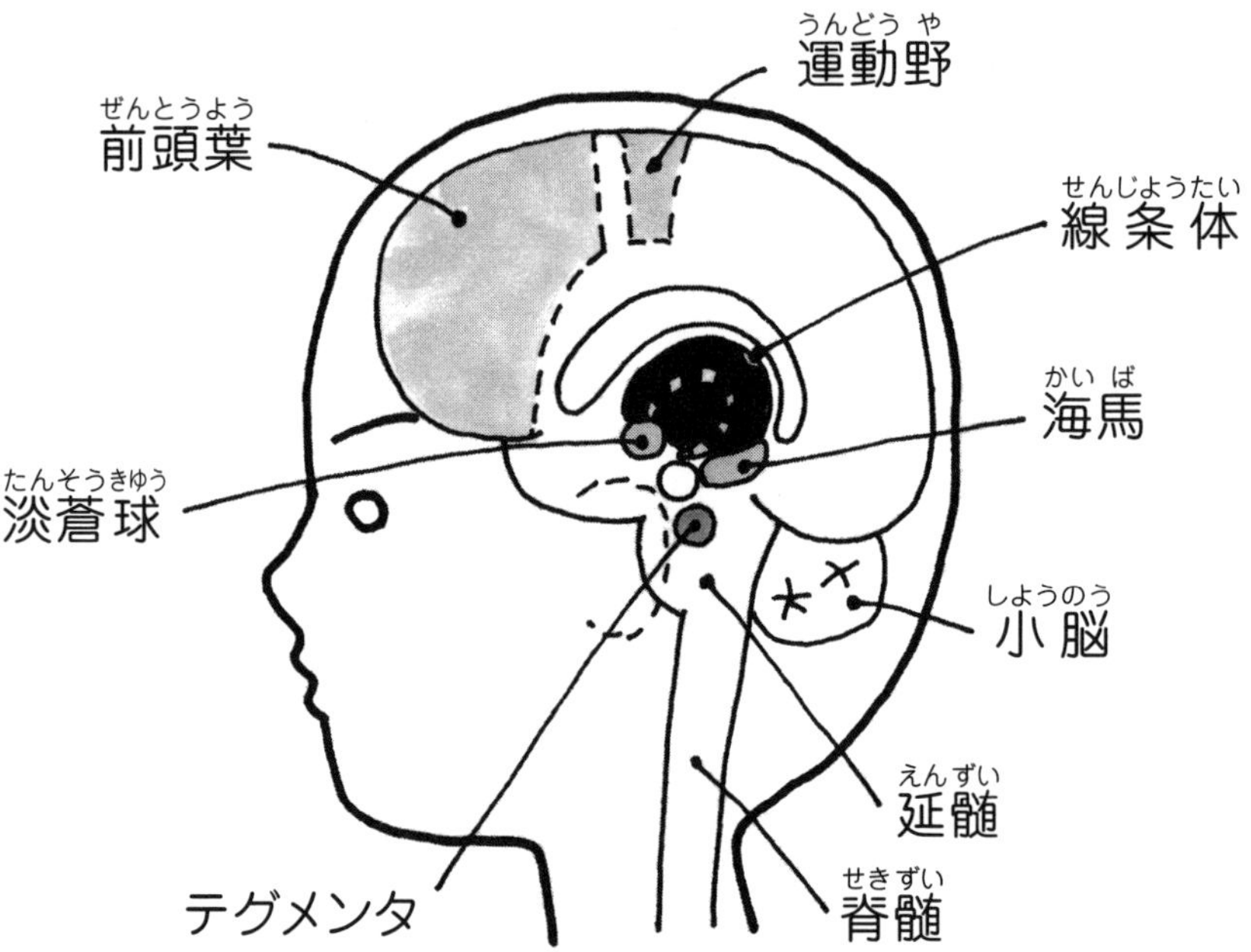

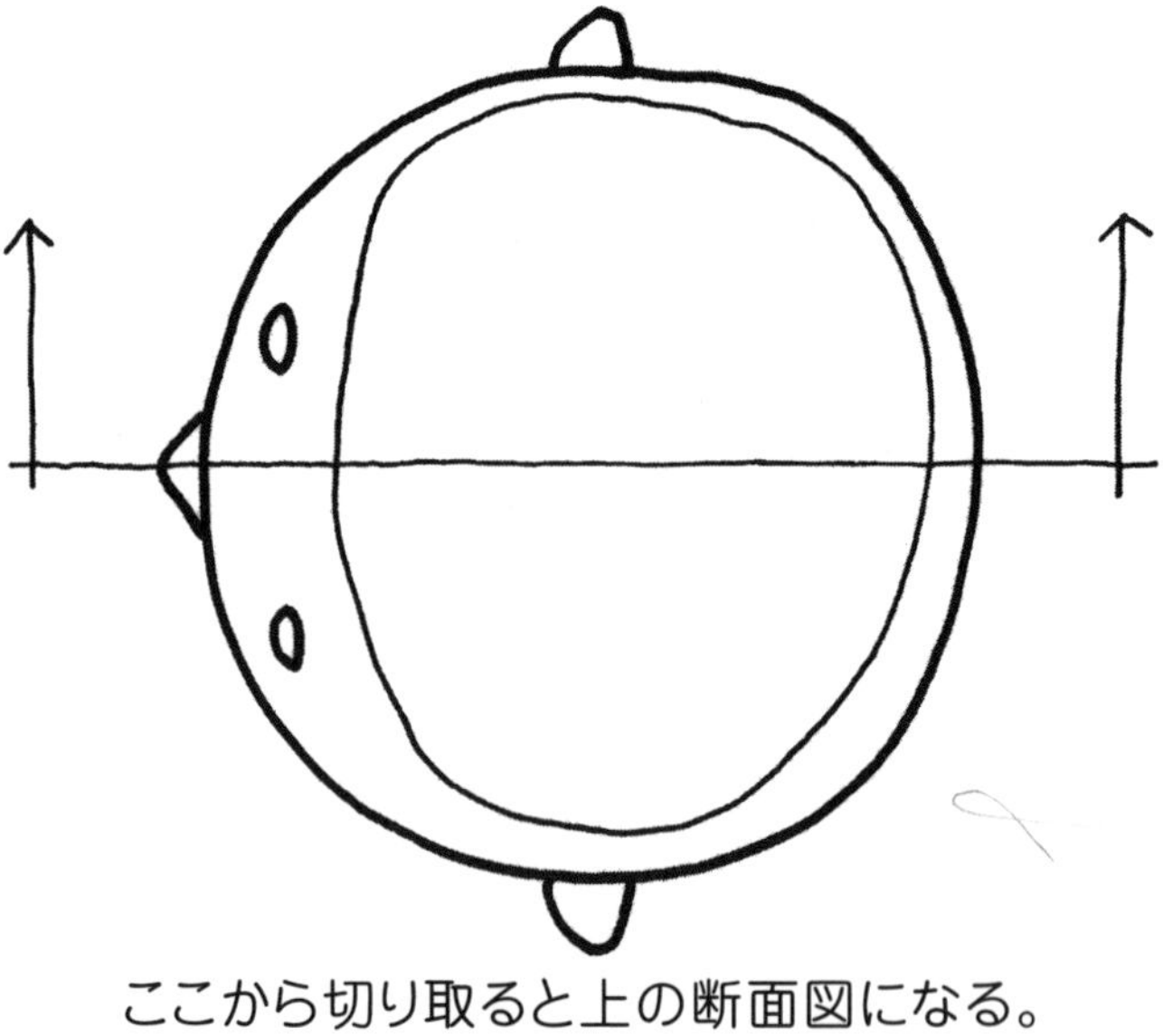

ここから切り取ると上の断面図になる。

第1章

からくり編

1

初めて入る東大キャンパス

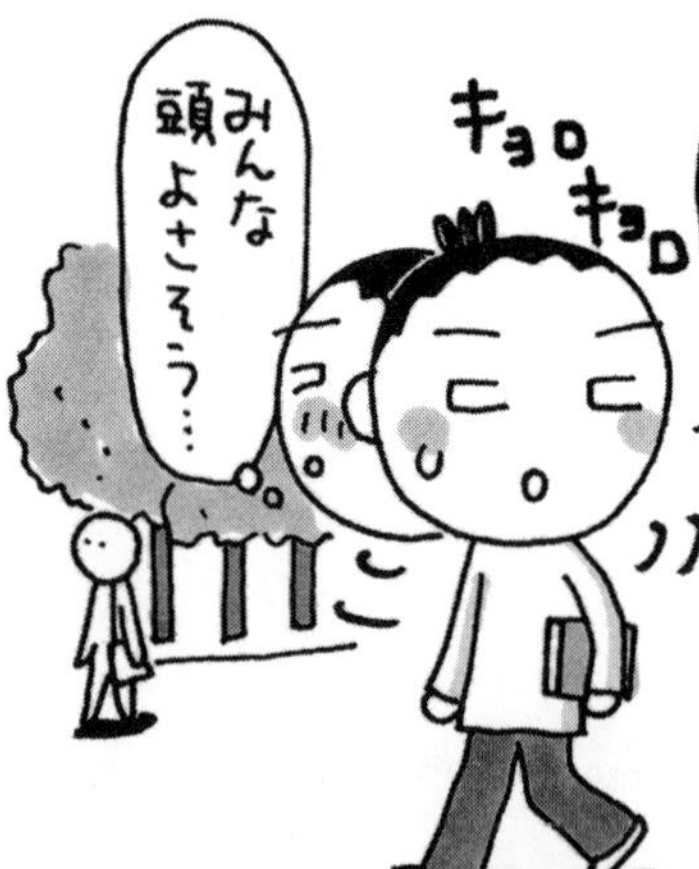

薬学部ってどこだろう
キョロキョロ
みんな頭よさそう…

脳の法則①

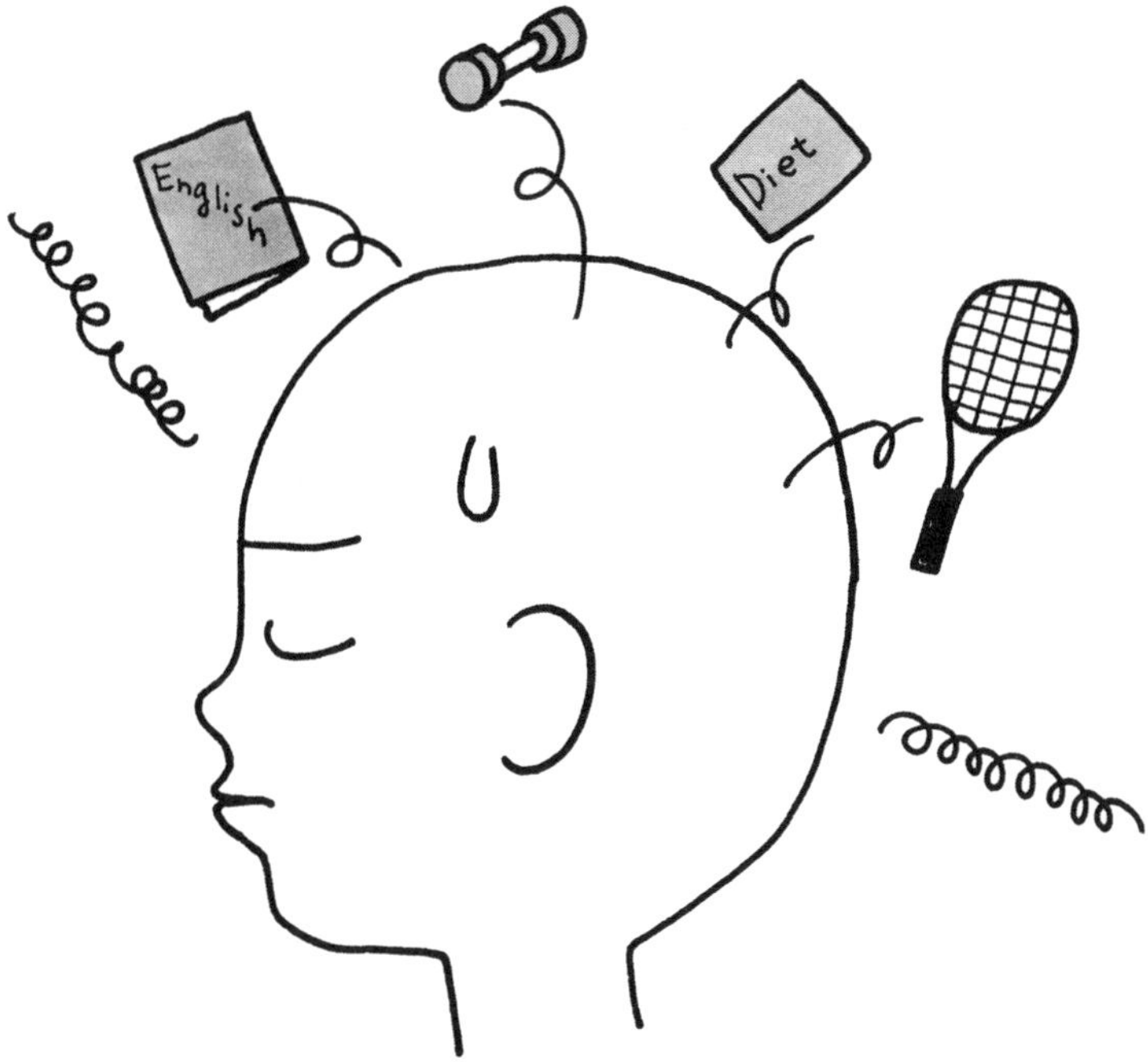

人間はあきっぽく できている!

きっとすごい人なんだろうな
ドキドキ
ドキドキ
たのも～
OOO-X
薬品作用学
あ、トメさんですね
はじめまして

池谷裕二《いけがやゆうじ》 准教授

東京大学大学院薬学系研究科准教授。1970年静岡県生まれ。記憶や発想など、脳の働きをわかりやすく解説することで定評がある。著書に『記憶力を強くする　最新脳科学が語る記憶のしくみと鍛え方』『進化しすぎた脳』（ともに講談社ブルーバックス）、『海馬　脳は疲れない』（新潮文庫・糸井重里氏と共著）など多数。

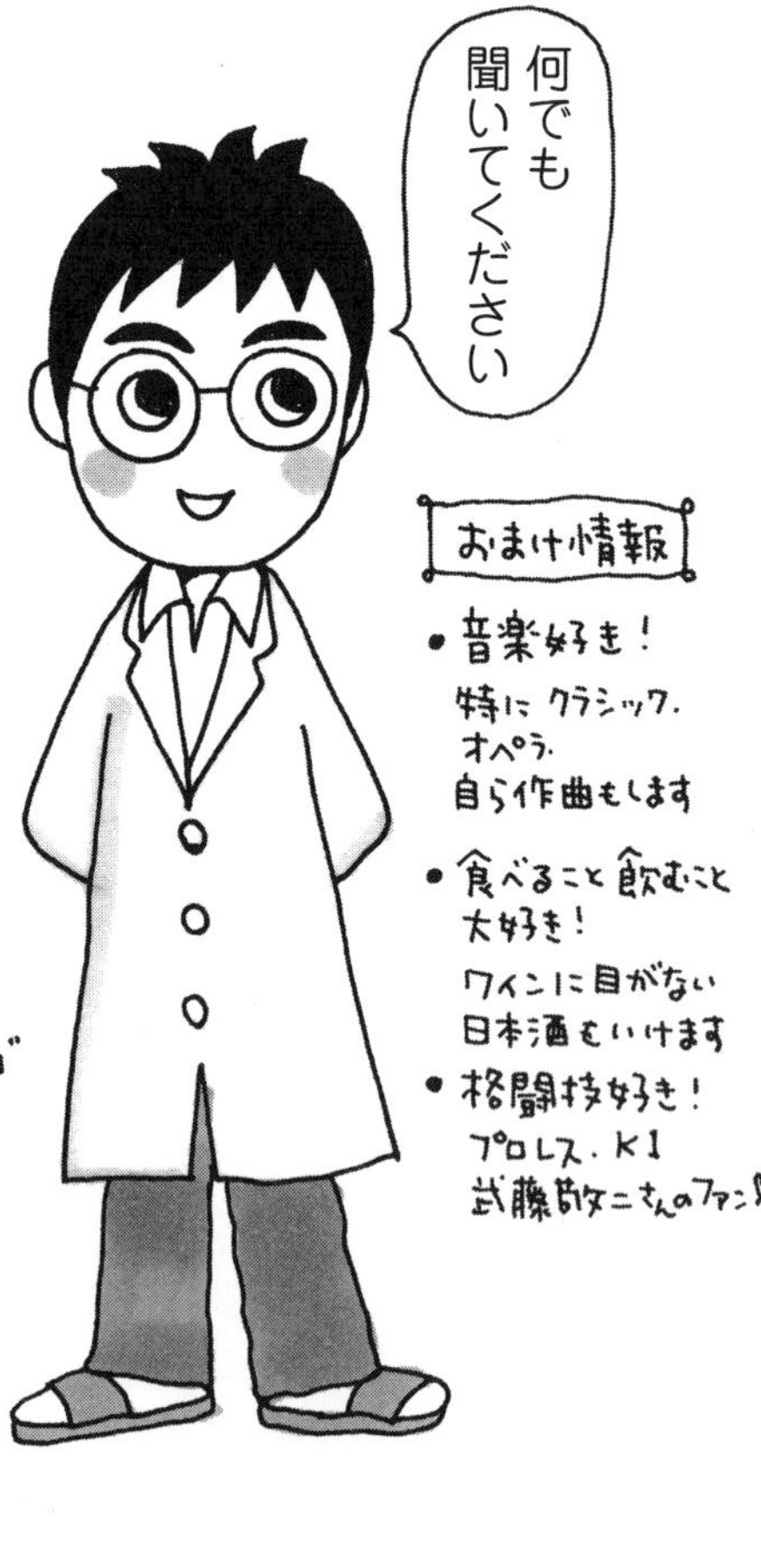
何でも聞いてください
おまけ情報
• 音楽好き！
特に クラシック．オペラ．
自ら作曲もします
• 食べること 飲むこと 大好き！
ワインに目がない
日本酒もいけます
• 格闘技好き！
プロレス．K1
武藤敬二さんのファン♡

実験中の池谷准教授

海馬にちなんでタツノオトシゴグッズ
集めてます

わー
若いし
かっこいい!!
ハリー・ポッターみたい…
はっ
あ、あの
あきっぽいのは
脳が
そうなってるって
池谷さんの本に
書いてあったんですが、
ホントですか？
シューシュー
まあ
こちらへ
どうぞ
キーワードは
馴《じゅん》化《か》
異なる環境に移された生物が、次第になれて、その環境に適応した性質をもつようになること。
（広辞苑・第六版）
トメさんの
質問は
ホントです
三日坊主は
脳がそうさせているんです
脳のこの部分が
関わっています
『大脳皮質《だいのうひしつ》』と
呼ばれるところですね

ひぇ〜〜〜〜〜
いきなりムズカシそうなコトバ
カチンコチン
大丈夫大丈夫難しくないですよ
まだ始まったばかり
いわゆる「マンネリ化」のことで生きていくために必要な反応なんです
たとえば生まれて初めてコップを見た！としましょう
わぁーコップだぁ!!
へぇーキレイだな
よくできてるなぁー
大きな感動は初回だけ——
水がもれないんだ
その後脳は一度見たものを「馴化」して「当たり前のもの」とするんです
『コップ』ガラス製の飲み物用の容器。カップ。
(広辞苑・第六版)

冷静
だから次に見たときは――
コップだ…
いちいち見るものに感動していたららち明かないでしょ
わー皿!
わーペットボトル
わーはし!
確かにうっとうしい…
ところがこの「マンネリ化」2つに分かれるんです
楽しくて始める
← 楽しいことがマンネリ化
← あきるつまらない
← やめる
めんどくさくてもしなくてはいけない
← めんどくささがマンネリ化
← 慣れる
← 習慣化
たとえばテニスを始めたとします
素振り!
楽しい!
最初はとにかく何もかも新鮮で楽しい
ところが3日もすると
今日も素振り
つまんない!
「テニスの王子様」にしようか

どんなに楽しいことも脳がそれに慣れてマンネリ化するとあきるんです
ぜいたくも
3日であきる
やってみたい
でも逆に「馴化」は続けるパワーも生み出してくれます
たとえば歯みがき
めんどくさいけどやらなきゃいけないことだと思って続けると
めんどくささに脳が慣れる
少年裕二くん
現在に至る
やがて「めんどくさい」という気持ちがマヒしてずーっと続くんです
なるほど私も歯みがきは続いている
そしてその後は
食べたあとは歯みがきしないと気持ち悪い
みごと習慣化!
チュー…
あきさせるのも脳の馴化
もうダイエットなんて!!
続けるのも脳の馴化
ダイエットダイエット

続けることで結果を出している人はたくさんいる
イチローしかり
マツイしかり
脳の「馴化」を味方にしちゃえばいいんです
馴化
まぁまぁ一杯
あどーも
とにかくあきっぽいのはトメ《ロサ》さんだけじゃなくみんなそう!!
大丈夫!!
でも考え方次第で続けることもできるんです!
あきる
まらない
← める
慣れる
← 習慣化
なるほど〜〜〜
すごい安心しました〜
ウロコ

三日坊主をどう乗り越えるか!?

三日坊主。

どれだけ慣れ親しんだコトバでしょう。

でも、これは「脳」が生きていくために、させていたことだったんですね。ああ、よかった。私だけじゃないんだ、もう自分を責めなくていいんだ、と安心。で、今までと変わらず三日坊主の生活へ――って、これじゃあ意味がない。

なぜならこの「人間の性《さが》」ともいうべき「三日坊主」を乗り越えて、続けることで大きな成果を出した人ってたくさんいますよね。

たとえば、メジャーリーガーのイチロー選手。彼は小学一年生のときからほぼ毎日、野球の練習を欠かしたことがないそうです。そして松井秀喜選手も、

「努力は継続してやらなければ、結果が伴わない場合が多い」

と明言しています。（松井秀喜『不動心』新潮新書）

どんな分野でも、「続ける」ということが結果を出す、のは明確。でも「続ける」ことは、才能を持つ特殊な人にしかできないことなのでしょうか？　イチローや松井は生まれつき「三日坊主」とは無縁なカラダなの？

ここで池谷さんが教えてくれた、ものすごく興味深いことがあります。

もし「馴化＝マンネリ化」がなかったら？
わあーキレイなきゅうり
SALE
ナスもキレイ!!
うっとり…
トマトも!!
毎日こうだったら…
感動もほどほどにしないと買い物にならず
きぁあ
きゃあ
晩ごはんも作れません

それが、

「馴化＝マンネリ化」

マンネリ化っていうと、あまりいいイメージないですよね？　最初は新鮮で楽しかったのに、だんだんその刺激にも慣れて、なんともココロを動かされなくなる。「倦怠期《けんたいき》を迎えたカップル」などに形容されるようなネガティブなイメージ。ところがそれは生きていくには必要な反応で、わざわざ脳がそうさせているんです。

そして特筆すべきは、マンネリ化には、やめちゃうネガティブなケースと、ずっと続けていくポジティブなケースの両面があるということ。

どんな三日坊主の人でも、たいていの人は毎日歯は磨く。これって、実はマンネリ化なんです。「めんどくさい」ことがマンネリ化しちゃって、もう「めんどくさく」なくなって、習慣化してるんです。

それならこれを利用すれば、続けることができそうじゃないですか。毎日歯を磨くように、素振りやら私が今までさんざん投げ出してきた英語の勉強もできるってことですよね。要は、脳にそう思わせればいいのかな？　なんだか「続けるコツ」というのがありそう。
さぁて、その「続けるためのコツ」を、池谷さんにいろいろうかがっていきますよ！

お風呂は毎日
ちゃんと入れるんだから
ふわー
気持ちいい〜

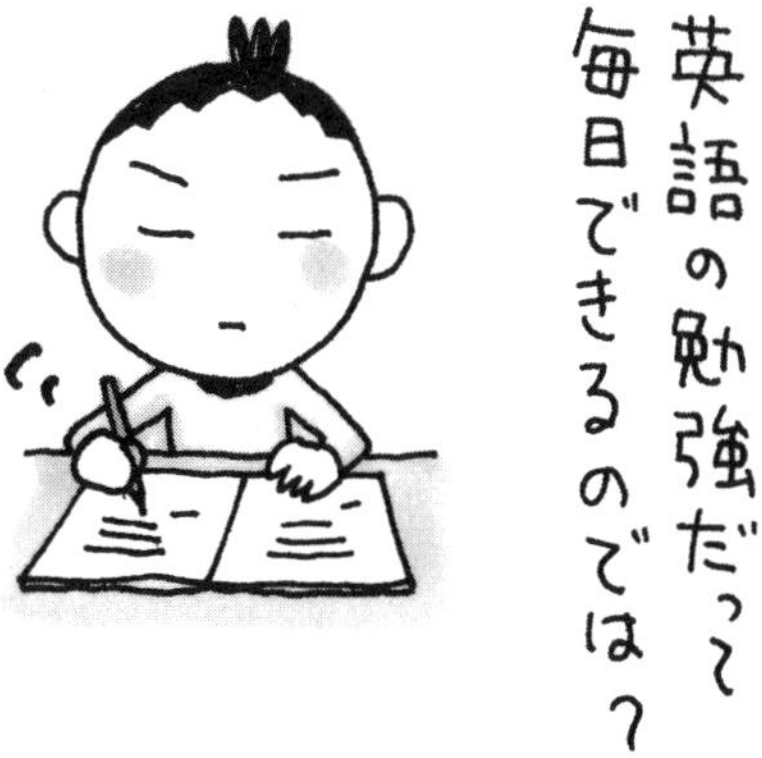
英語の勉強だって
毎日できるのでは？

ホントにつづけることができるのかなあ……
本棚にある英語関係の本、テキスト（全部とちゅう）

脳の法則②

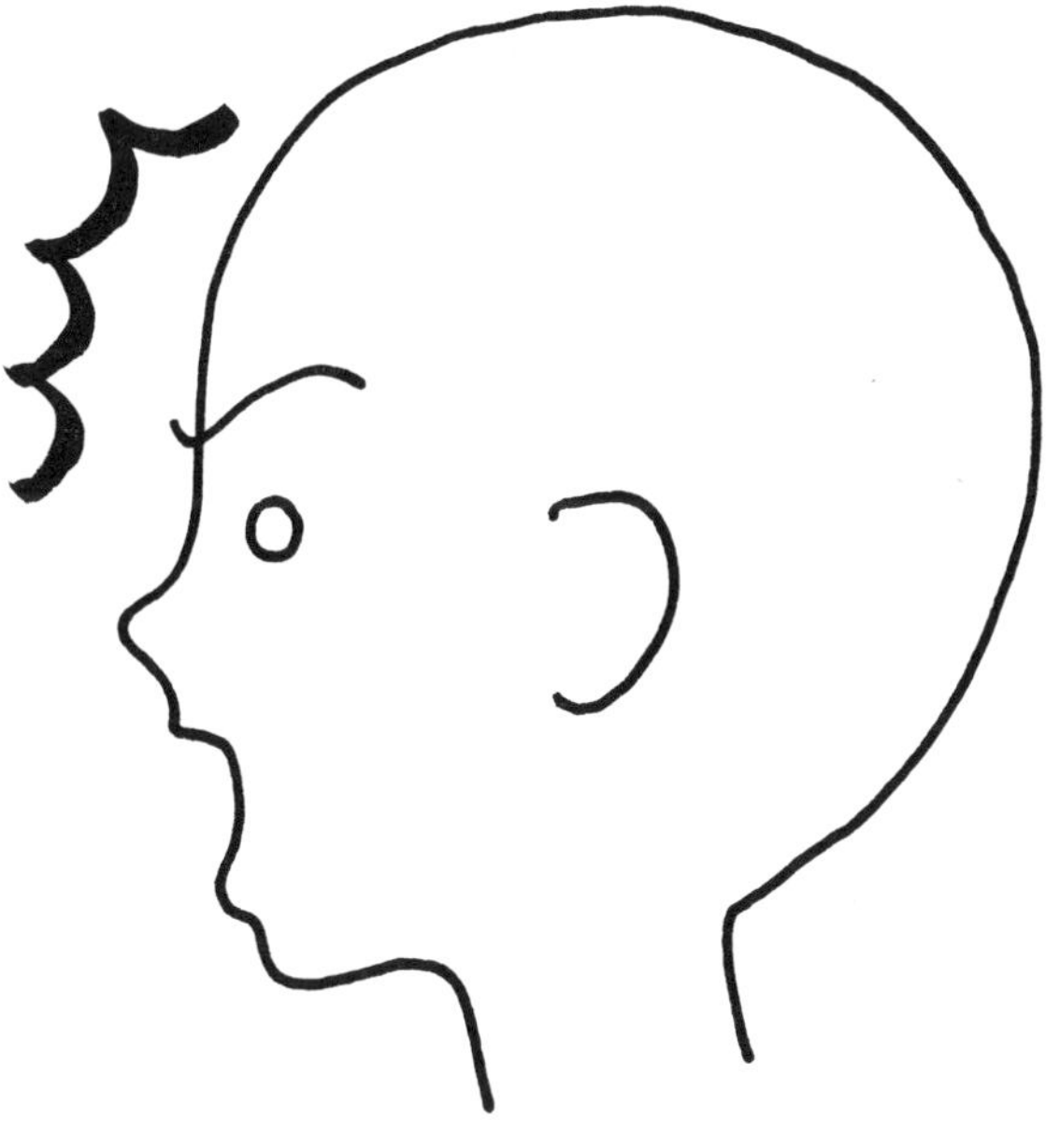

「やる気」は迎えに
行くものです。

う〜〜〜ん
今日はやる気が起きん〜〜〜
グダグダ
ダラダラ
やる気よ出てこ〜〜〜い!!
グダグダ
トメさんそれは時間のムダ
いつまで待ってたって脳の中から「やる気」は出てきませんよ
キッパリ!
まずは
カラダを動かすこと!!
ってトメさん自分の本に書いてるじゃん
キッパリ!
あ

そうそう
まずは何も考えず
脚に力を入れて
立ち上がれって…
ぐぐっ
ぐぐぐっ
ずりっ
ぐぐっ
もう一息!!
『キッパリ! たった5分で自分を変える方法』(幻冬舎文庫)P.6〜7より
脳は頭がい骨の中に
閉じこめられているから
外のことは全く
わからないんです
さみしいの
脳
暗闇に
1人(?)ぽつん
でもカラダに
刺激があると——
キレイ
ピンク
いい香り!
スイッチが入って初めて
脳が動き出すんです
おおっ
花だ!!
脳
脳の気持ちに
なってください
何もしないと
何の上映もしてない
暗い映画館に
閉じこめておく
ようなものです
はっ ごめん
退屈
させてたっ

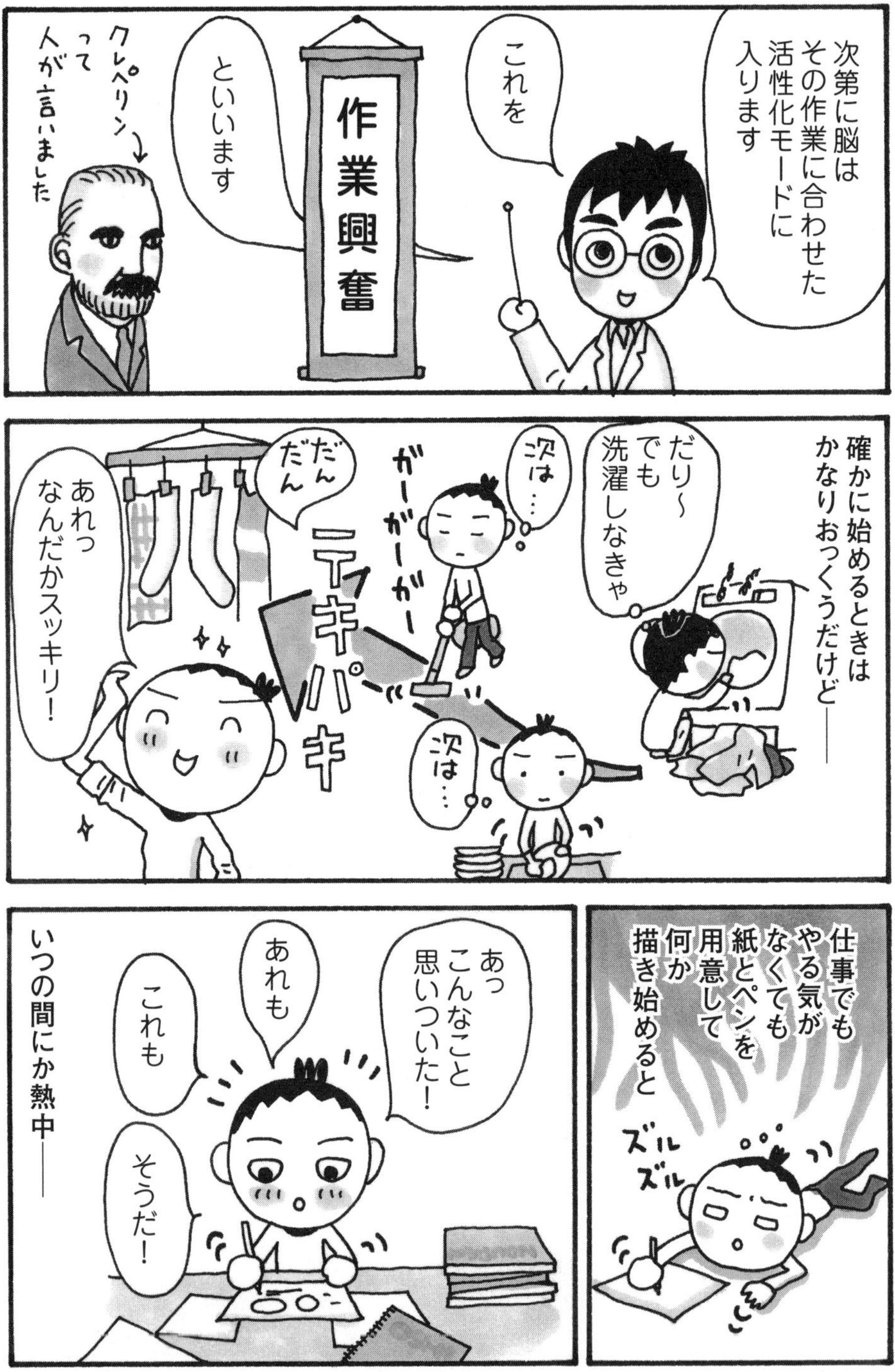

エミル・クレペリン（ドイツ1856～1926）

机の掃除も
してみたくなる
それはちょっと違うかも
仕事から逃避?
とにかく頭で考えるよりもカラダを動かす!!
起きる時間になったら眠くてもふとんをはぐ
気が乗らなくてもとにかくパソコンを開く
カパ
何をしていいかわからないときはとりあえず立ち上がって歩いてみる!!
やる気は自分から迎えに行こう
そしたらやる気にスイッチが入るよ

脳をだまして「やる気」を出す！

ああ、そうだったんだ！

やる気にスイッチを入れるのは、カラダなんだ！

どうりで。池谷さんの説明で、今まで不思議に思っていたことが、すとんと腑《ふ》に落ちた感じです。というのも『キッパリ！』のテンコブポーズがまさにそうだから。

アタマで考えていると、とにかくめんどくさく思える。だからアタマは見捨てて脚にだけキモチを集中、そして立ち上がる。立ち上がるだけでも、キモチが変わる。さらにこぶしを上げると、あれ、なんだかやる気が出てきた……（やったことがない人は、だまされたと思って、一度やってみてくださいね）。

やる気が出たからこぶしを上げる
のではなく、
こぶしを上げたからなんだかやる気が出る

のです。

これはたまたまではなく、脳のしくみだったんですね。

さらに池谷さんは続けます。

「朝、カラダを起こすから、起きるんです。テレビを見て笑うから面白いんです。泣くから悲しいんです。カラダは反射。でもカラダが動くことで脳がつられて『ああ、そうなんだ』ということになる」

もしかして、**脳ってだまされやすい？** カラダを先に動かして「やるんだぞ」としてしまえば、**脳はだまされて「やる気」になる、**ということ？

答えはYES!

やる気がなくても、とりあえず掃除機を出せば掃除を始める。気が向かなくてもパソコンの前に座ってスイッチを入れたら、原稿を書き出す。キッチンに立てば、野菜を切り出す。切り始めたらナベを火にかけたり、ごはんを炊いたり。最初はなかったやる気。でも、いつの間にか作業を

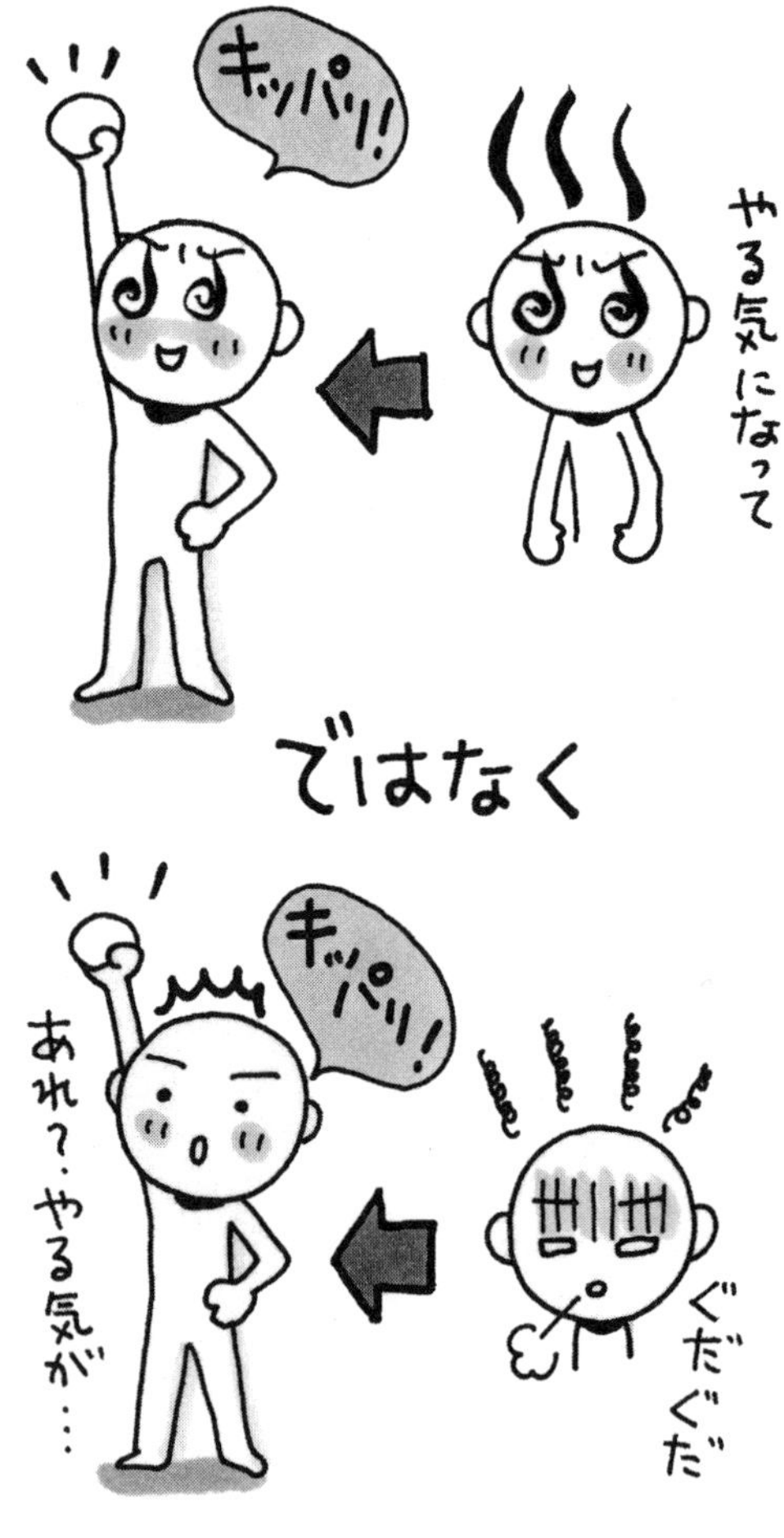

することに夢中になっています。

また、勉強や習い事を続けていると必ずやってくる「マンネリ期」。新鮮さにも慣れちゃって、やめたいなぁというキモチがむくむくと頭をもたげるときが必ずやってきます。

そんなときはしんどくっても、めんどくさくっても、とにかくその場にカラダを持っていく。たとえ、ぬけがらでもいいから。すると脳が「ああ、やるんだ！」とだまされて、やる気になる。

これを知っていれば、「やりたくなーい」「行きたくなーい」と考えている時間は、もったいないです。とにかく、「やる気」はいくら待っても出てこない。こちらから迎えに行って、スイッチを入れる。これが「続ける」ことのヒントになりそうです。

それにしても、この「やる気」。カラダにだまされてスイッチが入ったとき、脳のどの部分から出てくるんでしょう？

ピアノの練習も
とにかく座って
ふたを開ければ
いつの間にか
夢中で
弾いてます

どこ？
私のやる気は
やる気をさがして
三千里
（その前に出てるよ）

脳の法則③

続けるコツは、脳をだまして蒼い玉を動かすこと!!

「やる気」が脳から出なくても
「やる気」になっているときは脳のどこかが動いているんですよね？
そうです!!
動いているのは
すっ
ビシッ!
ここです!!
「淡《たん》蒼《そう》球《きゅう》」といいます

やる気になっているときこの淡蒼球が活性化しています
ところがこれは自分の意志で動かすことができないんです
ホントに蒼いんだって
だからまわりをまきこんでだますしかない
へ!?
脳をだます?

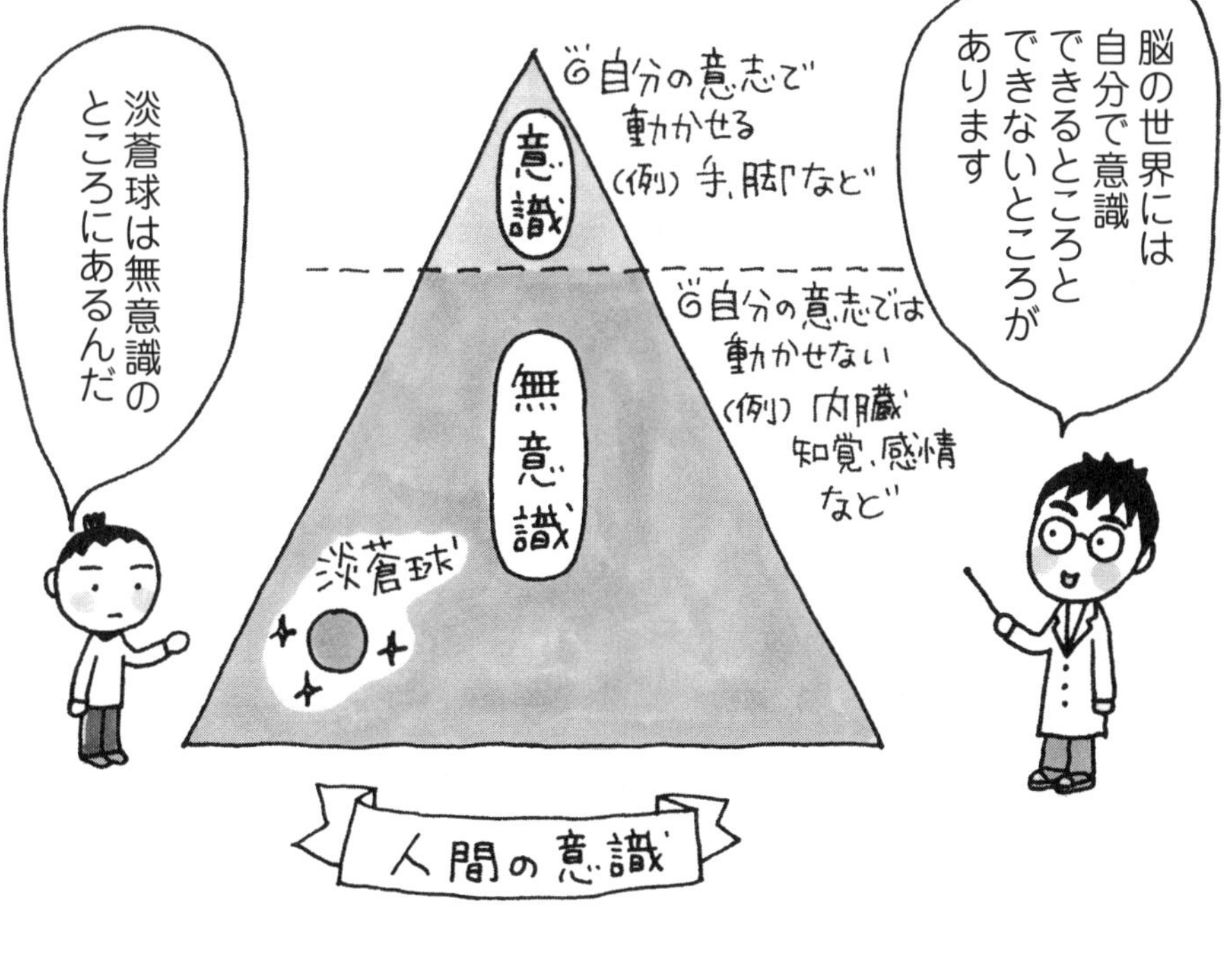
脳の世界には自分で意識できるところとできないところがあります
◎自分の意志で動かせる
(例) 手、脚など
意識
◎自分の意志では動かせない
(例) 内臓、知覚、感情など
無意識
淡蒼球
人間の意識
淡蒼球は無意識のところにあるんだ

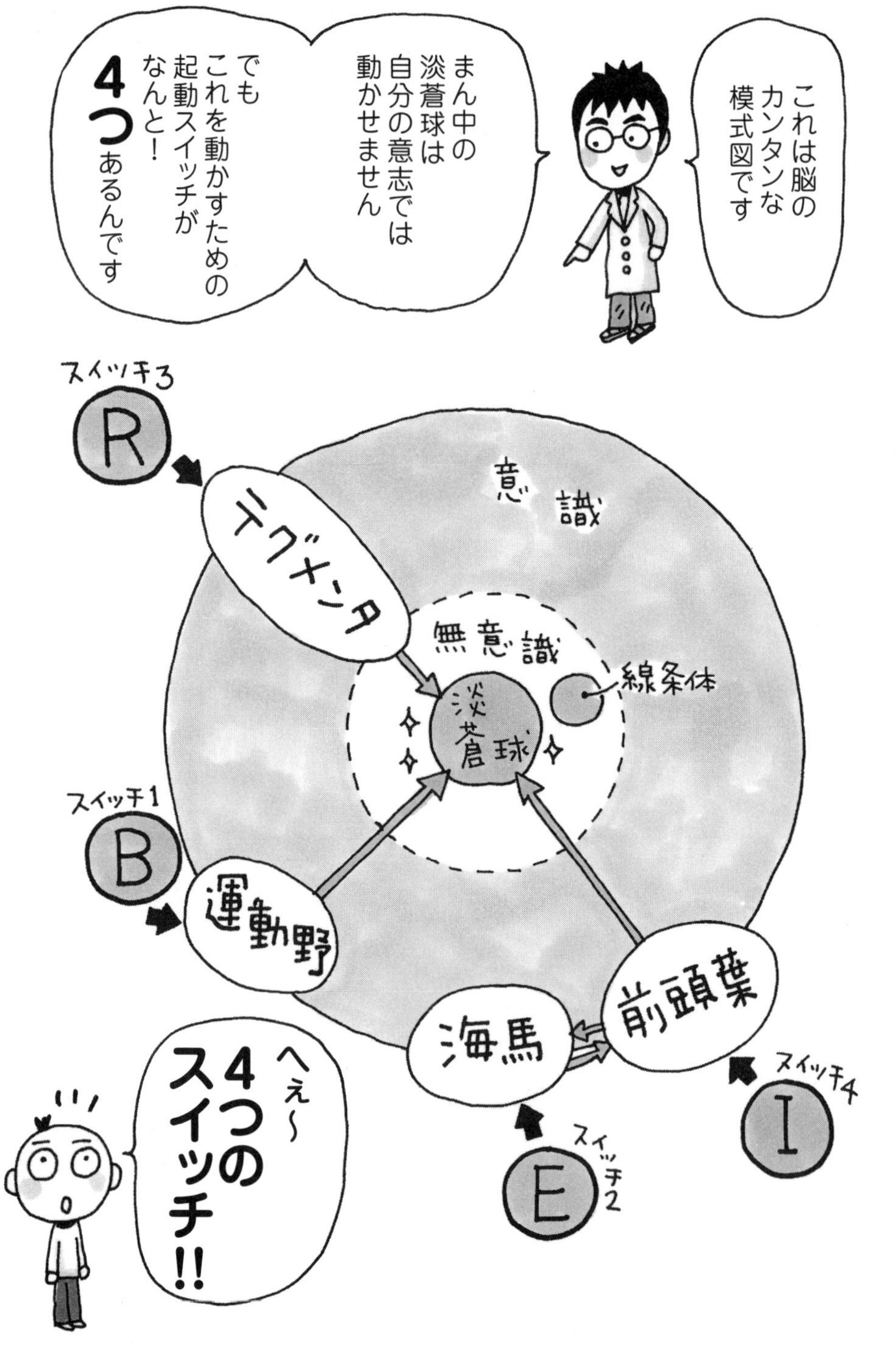
これは脳の
カンタンな
模式図です
まん中の
淡蒼球は
自分の意志では
動かせません
でも
これを動かすための
起動スイッチが
なんと！
4つあるんです
スイッチ3
R
テグメンタ
意識
無意識
淡蒼球
線条体
スイッチ1
B
運動野
前頭葉
海馬
スイッチ4
I
E
スイッチ2
へぇ～
4つの
スイッチ!!

スイッチ B

Body（カラダを動かす）

カラダを動かすことで入るスイッチ
脳の「運動野」にある。

スイッチ E

Experience（いつもと違うことをする）

いつもと違うことをすることで入るスイッチ
「海馬《かいば》」にある。

スイッチ R

Reward（ごほうびを与える）

ごほうび（快感）によって
入るスイッチ
「テグメンタ」にある。

スイッチ I

Ideomotor（なりきる）

なりきることによって
入るスイッチ
「前頭葉」にある。

4つのスイッチはこのとおり！

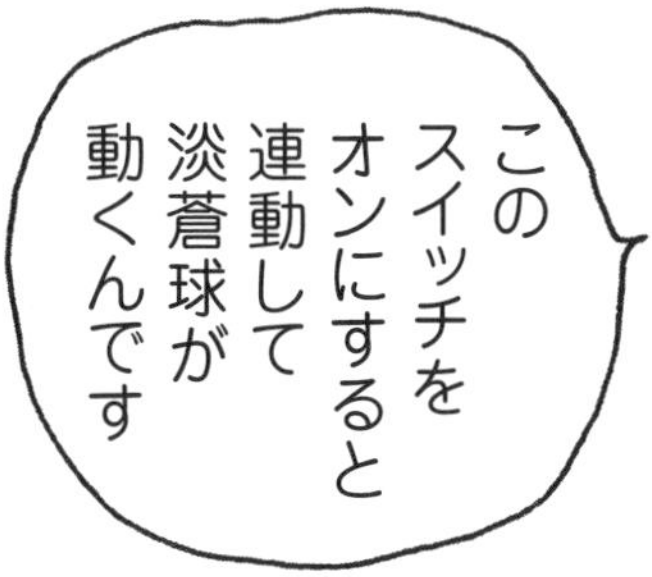
このスイッチをオンにすると連動して淡蒼球が動くんです

たとえば「毎日腹筋をする」と決めたとします
でも3日もするとマンネリ化してやんなっちゃう
そんなとき!
やる気がなくなりそうになったときに入れるスイッチかぁ
B《スイッチ》 カラダを動かすと入るスイッチ
とりあえずヨガマットに乗る!
E《スイッチ》 いつもと違うことをすると入るスイッチ
仲間をまきこもう
一緒にやろうよ
ねーねー
今実験中なんすけどー
R《スイッチ》 ごほうびで入るスイッチ
20日間続いたら秘蔵のワインを開けよう♡
I《スイッチ》 なりきると入るスイッチ
合成写真
やるぞ~

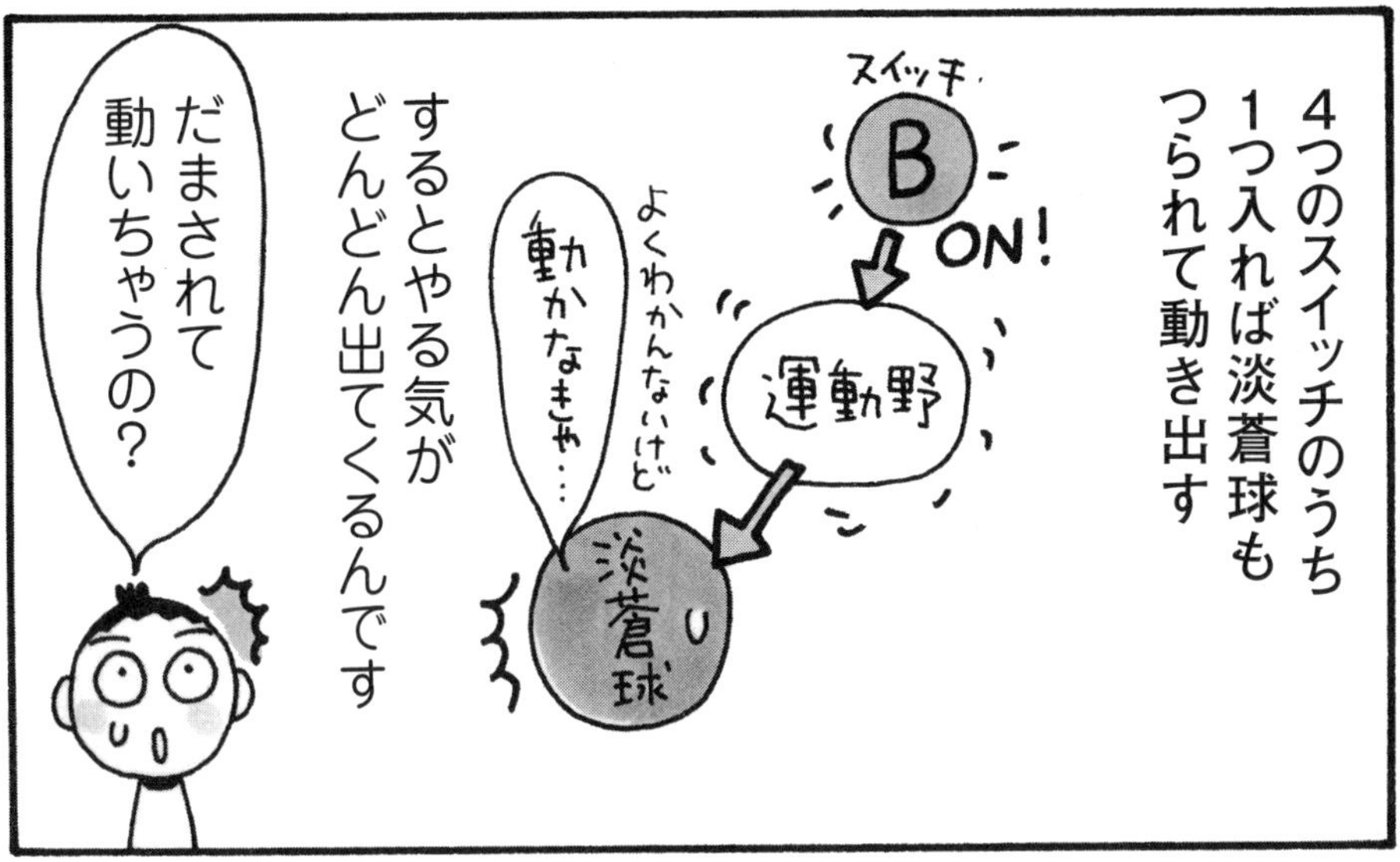
4つのスイッチのうち
1つ入れば淡蒼球も
つられて動き出す
スイッチ
B
ON!
運動野
淡蒼球
よくわかんないけど
動かなきゃ…
するとやる気が
どんどん出てくるんです
だまされて
動いちゃうの?

やる気さえ出れば
続けることができる
それを繰り返していくと
やがて「めんどくさい」
という気持ちが
マンネリ化して消える
そしてゴールは——
習慣の輪
GOAL!
無意識でする
意識してする
これは
「線条体《せんじょうたい》」
というものです

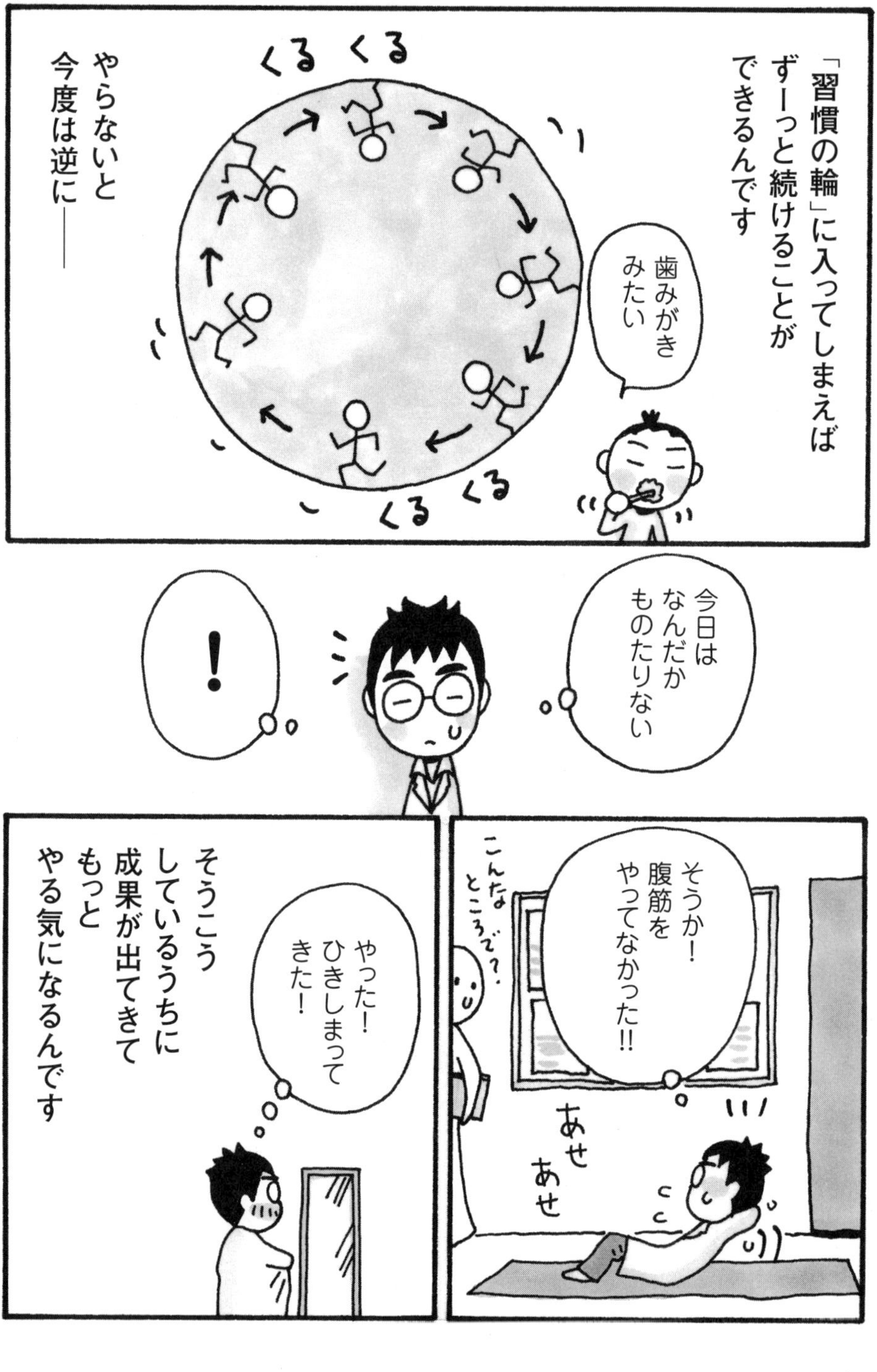

「習慣の輪」に入ってしまえばずーっと続けることができるんです
歯みがきみたい
くる くる
くる くる
やらないと今度は逆に——
今日はなんだかものたりない
!
そうか！腹筋をやってなかった!!
こんなところで？
あせあせ
そうこうしているうちに成果が出てきてもっとやる気になるんです
やった！ひきしまってきた！

とにかく!!
脳をだまして続けよう！
動け〜
そして続けるコツは——
蒼い玉と4つのスイッチにあり!!
カチ
カチ
カチ
カチ
R
B
I
E

淡蒼球が「やる気」を生み出す！

いよいよ、本丸が見えてきました。球です。「淡蒼球」という名の。

この「淡蒼球」というコトバ、初めて聞きました。でも、もちろん私の頭の中にも、生まれたときからこの蒼い球があるはずです。「玉」を追うといえば、『里見八犬伝』しかり、『ドラゴンボール』しかり、『犬夜叉』しかり。なんだか冒険のにおいがプンプンしてワクワクします。それも淡く蒼い色となれば、ますます神秘的！

しかしこの淡蒼球、自分の意志で動かすことができないところが難点。自分で動きをコントロールできたら、ここぞ、というところでやる気を出すことができるのに。

池谷さんの説明によると、淡蒼球に相当する脳部位は、人間のような哺乳類《ほにゅう》だけではなく、鳥類、爬虫類《はちゅう》、そして魚類にまであるそうです。そしてその働きは純粋に「カラダを動かすための脳部位」。たとえば敵

ふつうのときも

やる気のときも

ぐだぐだのときも

眠っているときも

蒼い玉は そこにある!!

が来たときどっちに逃げるか、のとっさの判断など。すごく原始的、かつ重要な部位なので、生物に意識が芽生える前から活躍してきたのではないかということです。

淡蒼球が「やる気」に使われるのは人間などの高等生物だけで、それも本来の使われ方とは別なものです。でも、本来の機能も残っている。だから「カラダを動かす」と「やる気が出る」という効果に結びついているみたい。

初めて淡蒼球が「やる気」を生んでいる、と発見されたときは、研究者のみなさんはさぞビックリされたのではないでしょうか。私だって、そんな蒼い球が自分のアタマの中にあったのか!? と知って、ビックリです。っていうか、**あるんだったらどんどん使わなくっちゃもったいない!!**

さて、この淡蒼球、常に活動はしています。でも、そのレベルは上がったり、下がったり。上がればやる気になるし、下がればやる気も落ちる。

直接動きをコントロールすることはできないけど、連動するスイッチが４つあります。これは自分の意志で入れることができるスイッチ。

さあ、実際にそのスイッチを入れてみましょう。

からくり編１のまとめ

◎脳は、もともとあきっぽくできている。三日坊主は生きていくために、脳がマンネリ化させるために起きる。

◎やる気は、じっとしていても出てこない。カラダを動かして、初めて出てくる。

◎やる気が出るのは、「淡蒼球」という脳の部位。活動が活発になると、やる気も高まる。

◎淡蒼球は自分の意志では動かせないが、連動する４つのスイッチは自分の意志で動かすことができる。そのスイッチを入れることで淡蒼球を活性化させる。それが続けるコツ。

第2章 からくり編

2

動け!!
淡蒼球!!
ふるふる
スイッチの
説明するから

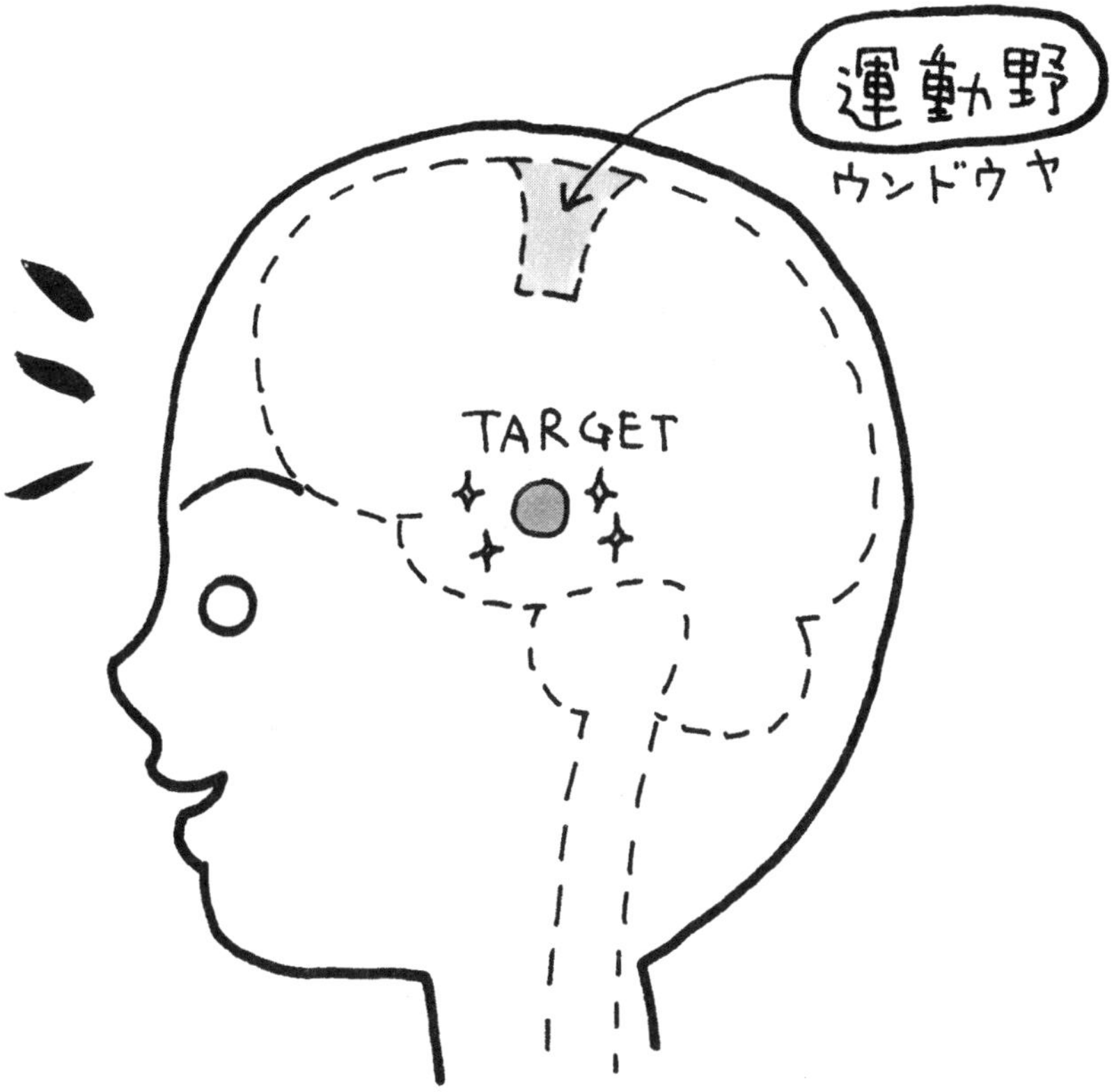

スイッチⒷ

（カラダを動かす）

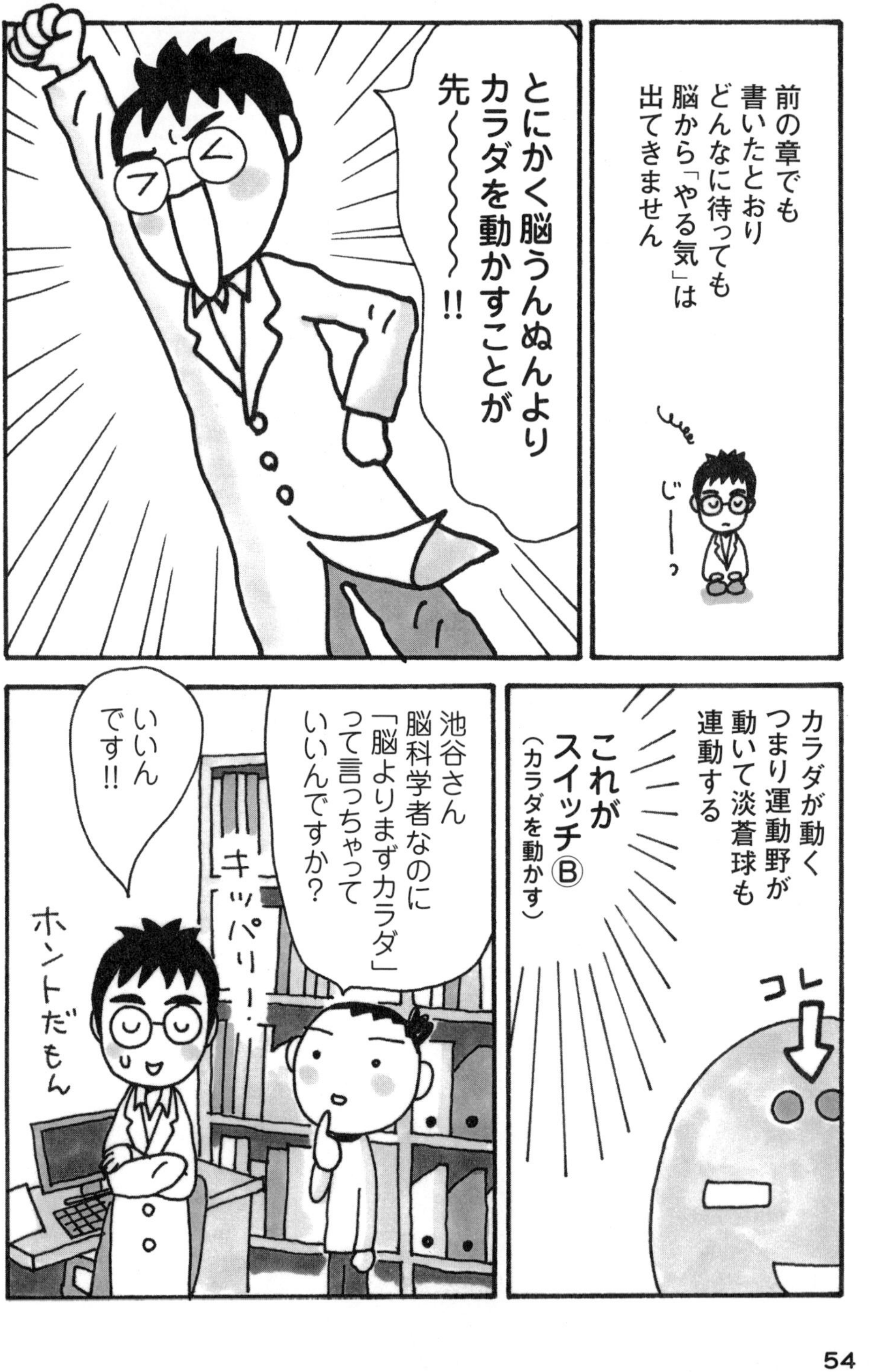
前の章でも
書いたとおり
どんなに待っても
脳から「やる気」は
出てきません
じーーっ
とにかく脳うんぬんより
カラダを動かすことが
先〜〜〜〜〜!!
カラダが動く
つまり運動野が
動いて淡蒼球も
連動する
これがスイッチⒷ
（カラダを動かす）
コレ
池谷さん
脳科学者なのに
「脳よりまずカラダ」
って言っちゃって
いいんですか?
いいんです!!
キッパリ!!
ホントだもん

逆にやる気がないときはチャンスかも――
ハイッ それについては体験を話します
ある日のこと打ち合わせの予定がありました ところが――
ダメだ～アイディアが浮かばない～
打ち合わせに行きたくない～
バキッ
でも無理矢理出かけてみると――
それいいですね！これはどうです？
じゃあこうしましょうこんなんもありかも
あれ意外にいいアイディアがわく
行ってよかった
収穫いっぱい
気をよくして歩いていると――
NETA
HOKUSAI
あ 行きたかった展覧会今から行ってみようか

展覧会に行くと――
ガーン
感動!
モチベーション
家に帰るなり
むしょうに絵が描きたい!!
バリバリバリバリ!
やる気マンマン
やる気は増進するんです
そしてそうやって描いた絵って
後々役に立ったりするのです

でももし気が
乗らないからといって
家を出なかったら
打ち合わせの
収穫もなく
展覧会に行くことも
なかった
打ち合わせの日にちを変えてください
やる気が出ない
ときこそ外に出て
自分の足で
歩いてみよう
そうしたら――
淡蒼玉が動き出す
ルルル〜

※ 実際に音は出ません

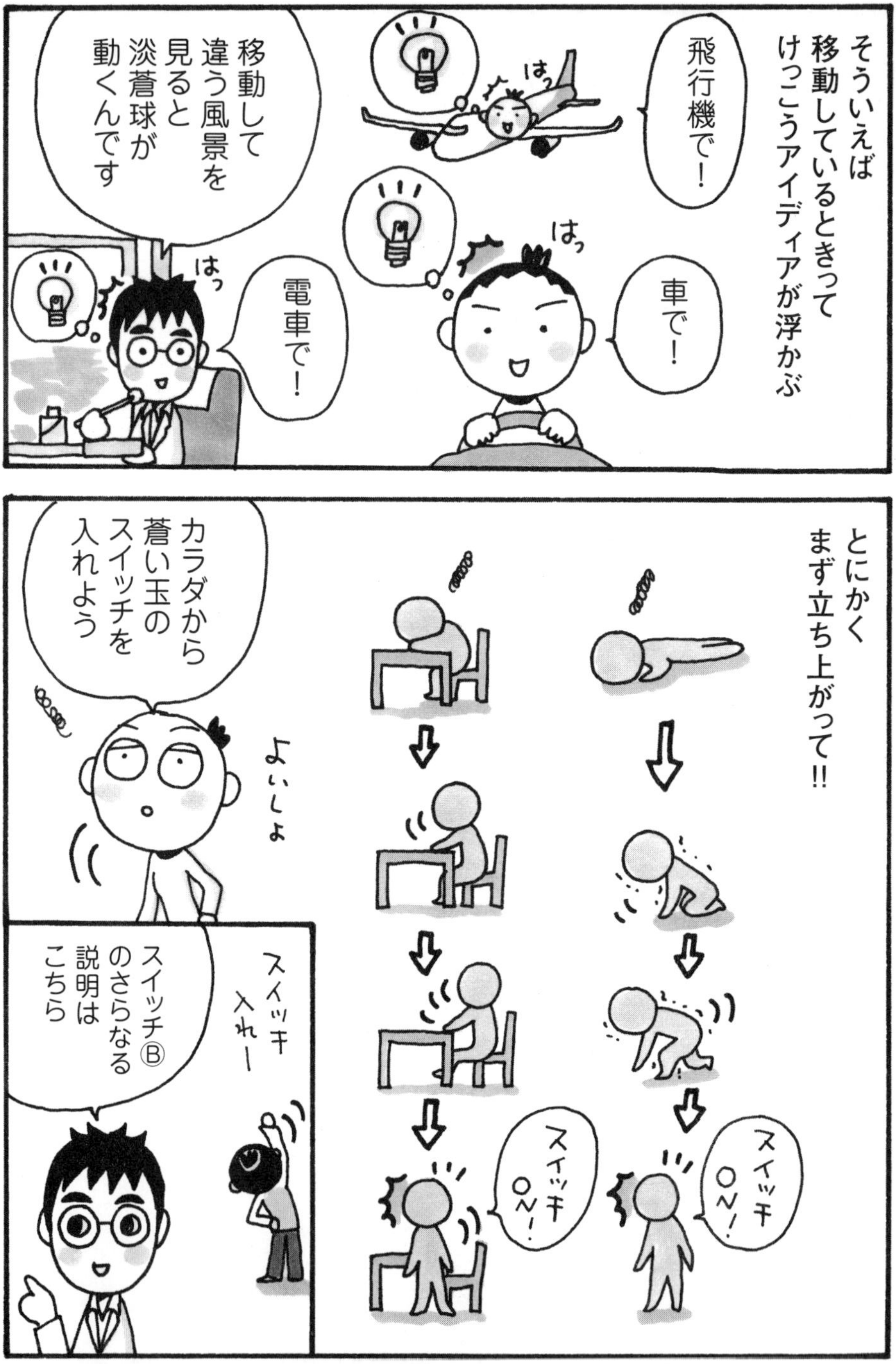
そういえば移動しているときってけっこうアイディアが浮かぶ
飛行機で!
はっ
車で!
はっ
電車で!
はっ
移動して違う風景を見ると淡蒼球が動くんです
とにかくまず立ち上がって!!
スイッチON!
スイッチON!
よいしょ
カラダから蒼い玉のスイッチを入れよう
スイッチ入れー
スイッチⒷのさらなる説明はこちら

カラダを動かしてスイッチを入れる！

面白い実験が、あります。

用意するものは、マンガ（何でもＯＫ）。そして、ペン（割り箸などでもいいかも）。

そして、次のページのように、ペンを２種類の方法で、口にくわえてマンガを読みます。すると、なんと！　口に入れた状態によって、同じマンガなのに面白さの感じ方が違うんです。では、どっちが面白く感じるでしょうか？

正解は、パターン１、「かんでみる」ほうです。

これは有名な実験で、ペンをかみながら読んだ人のほうが、マンガが「面白い！」と感じたそうです。なぜでしょう？　決め手は、ペンをくわえたときの表情。

よく見るとかんだほうは、「笑っている顔」、ただくわえているほうは、

「ショボリした顔」なんです。ということは、顔が笑っている状態で読んだほうが、より面白く感じる、ということなんですね。もちろんマンガの内容にもよりますが。

　これは「※自己知覚」というもので、カラダの表現に脳がつられてきているそうです。顔が笑ってるから、面白いんだ！　と脳が感じる。ホントにだまされやすいんです、脳って。


　そしたら、無理にでも笑ったほうがいいですね。気分が落ちこんでいるときや、やる気がないとき。顔さえ笑えば、脳もあとから「楽しい」とついてきて、本当の笑いになる。淡蒼球も活性化する。やる気も出る。笑う門《かど》には、福来《きた》る！　どうしても笑えないときは、ペンをかんでみましょう。

　ちなみにもう一つ大発見！　この「かんでみる」顔は、表情筋をすごく使うので、フェイスエクササイズ（いわゆる小顔体操）にもなるじゃ

ないですか!!　楽しくなるし、小顔にもなるし、一石二鳥。

さて、マンガの中で、私は気が乗らなくても、とにかくカラダだけはそこに持っていこう、と出かけました。結果、カラダを動かしたことで、淡蒼球にもスイッチが入り思った以上の収穫に。そういうときって、運も呼び寄せるみたいです。見過ごしそうな展覧会にも行けたし、またそこでいろんな刺激を受けたし。

これは淡蒼球の仕業《しわざ》ではないと思うけど、カラダを動かして行動することは、意外な出会いやチャンスを生んだりもするんですね。

やる気もチャンスも、じーっと待ってるだけじゃあ、出てこないです。とにかく、カラダを動かしてみましょう。

はしをかみながら原稿を書いてみる
ククッ
面白そ〜〜
いいぞ〜〜

※自己知覚：カラダの状態を手がかりにしてココロの状態を（都合よく）推測すること。

カラ元気でも
とにかく笑おう!
コワイ…

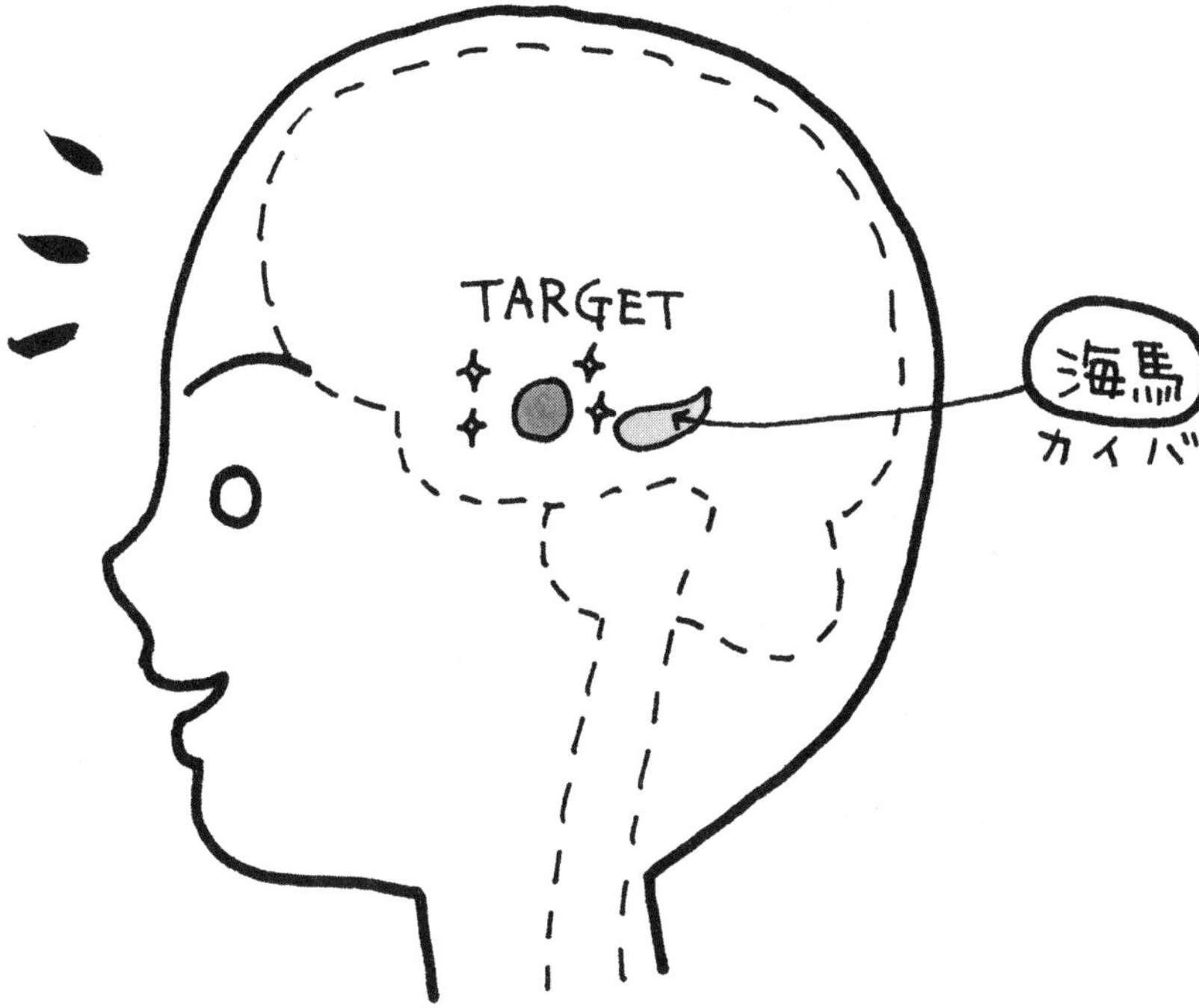

スイッチⒺ

（いつもと違うことをする）

脳は何事も
すぐマンネリ化
させる
どんなに熱く
感動した
ことでさえ――
最近メタボが
気になるAさん
テレビを見て
ゴクッ
メタボの恐怖!!
今のままじゃアブナイ!
よし!
まずは
エレベーター
をやめて
階段を使おう!
決断!
翌日――
ぜーぜー
はーはー
3日後――
チーン
何か?

お給料も初めてもらったときは——
オレのかせいだお金　親に何かごちそうしよう
数カ月後もらって当たり前に
少ねえなあ
ケッ
初めて彼女ができたときも——
メールしたらすぐ返事ちょうだいね
もちろん
数カ月後
メールの返事くらい寄こせこらあ〜
こんなとき——いつもと違うことをすればいいんです
いつもと違う服ー
目線が変わったことで海馬が動き淡蒼球も連動する
海馬
蒼
これがスイッチⒺ
（いつもと違うことをする）
Aさんも3日たって
はぁ
やる気なくなっちゃった
疲れるもん
POTATO
ところが——
SALE!
これだ!!

音楽聴きながらだと
楽しい！
今日はエレベーター使っちゃったから
一駅分歩こう
けっこう気持ちいい
「マンネリ化したんだな」と自覚できれば
ちょっとしたことをするだけでやる気も戻ります
確かに失って気づくよりは…
会社が業績不振で給料カット!!
ガーン
まだ入社当時のほうがよかった
海外留学するの
ガーン
えっ!!
さびしい
ヒック ヒック
帰ってきたら大切にしよう
当たり前と思っていたことも失うとモチベーションがあがる

すぐ当たり前のことにしようとする脳に勝ってこそ
続けることができるんです!!
それは感動する心を忘れないこと!!
コドモの心を忘れるなってこと?
そう コドモは何にでも感動する
すげえっ
ゴーッ
知ってるよ
乗ったこともあるし
オトナ
コドモ
知識・経験量
コドモのほうがオトナよりも知識や経験が少ないから知らないことが多い
でもオトナだってマンネリ化して色あせたものを自分で色を塗り直すこともできる
この椅子古くてボロボロだけど——

ペンキを塗って
やすりを
かけてみよう
そしたら！
いい
風合の
椅子に
なりました
他の古いのも
色塗りしたくなってきた！
わくわく
コドモの
心＝童心を
忘れるなって
ことですね
うん
気持ちは
見た目は
オトナでいいんだけど
また
マンネリ化を
打破することは
成長にも
つながる――
バーン
コドモも10歳を過ぎた
ころからだんだん――
本を読んで
泣いたなんて…
みんなに
見られるのが
恥ずかしい…
ぐすっ
あっあいつ
泣いてるー
感動本

親に対しても
一緒にいるところを友達に見られたくない
スタスタ
やがて——
ちょっとタカシ！
話を聞きなさい
うるさいなあほっといてよ!!
それまでは親の言うことが絶対だったのに
パパ
ママ
いや親の言うことが全てじゃない
何かが違う！
0歳
10歳
15歳
素直
反抗期
「反抗期」というのも一種のマンネリ打破自立する上で必要なんだね
マンネリでは成長しないのか…
けいこごともそうかも——
心技一体

師匠に従順だったのにだんだん反発
ポイントで勝ってもいいじゃん
オレは1本とる柔道がしたいっす
それを繰り返して卒業
お世話になりました
よっしゃあ!守りに入らず攻めるぞ!!
たまにはセーラー服で夫を迎えてみようか
夫婦のマンネリ打破!!
あれ?
いつからコスプレ奨励のページになったの?
さすがにそれは…
娘の制服
Ⓔのスイッチをもう少し説明します
チャイナドレスも~

マンネリ打破のためにいつもと違うことを！

ここでのスイッチは海馬。主に記憶を司る場所ですが、ここが動くと前頭葉（スイッチⅠ）にもスイッチが入り、淡蒼球も動きます。ではどんなときに海馬は活性化するのでしょう？

ネズミの海馬の動きを調べる実験があります。いつも同じカゴに入れられていたネズミを、違うカゴに入れます。すると海馬の動きが、とたんに活発になるそうです。これは人間も一緒。海馬を動かすには、「いつもと違う場所」に行ったり、「いつもと違うこと」を味わったりするのが得策だそう。ということは、もちろん淡蒼球にもスイッチが入る。

だからいつもやっていることも、たまには場所を変えたり、違ったことをすると、やる気が起きます。これはすごくわかる‼ 私も、原稿を書いていて、煮詰まってくると近くのカフェに行ったりします。まわりの風景が変わっただけで、なんだかやる気になるんですよね。

そういえば学校時代の席替えも、そういう狙《ねら》いですよね。まわりの顔、風景が変わると、ちょっとやる気が起きます。ただ、その席もすぐマンネリ化してしまう。だから定期的に席替えをするんですね。

　大きな変化を起こさなくても、日々の生活の中でちょっと目線を変えることで、「いつもと違うこと」を味わうことができます。そのためには、いつも物事を新しく感じる柔軟なココロも必要ですね。感動するココロ。

　どんなに新鮮な経験も、すぐにマンネリ化させて当たり前のこととしてしまうのが脳。それに負けないように、目の付け所を変えたり、ちょっとでも違うことをしてみましょう。

いつもいる場所が変わると
スイッチが入る

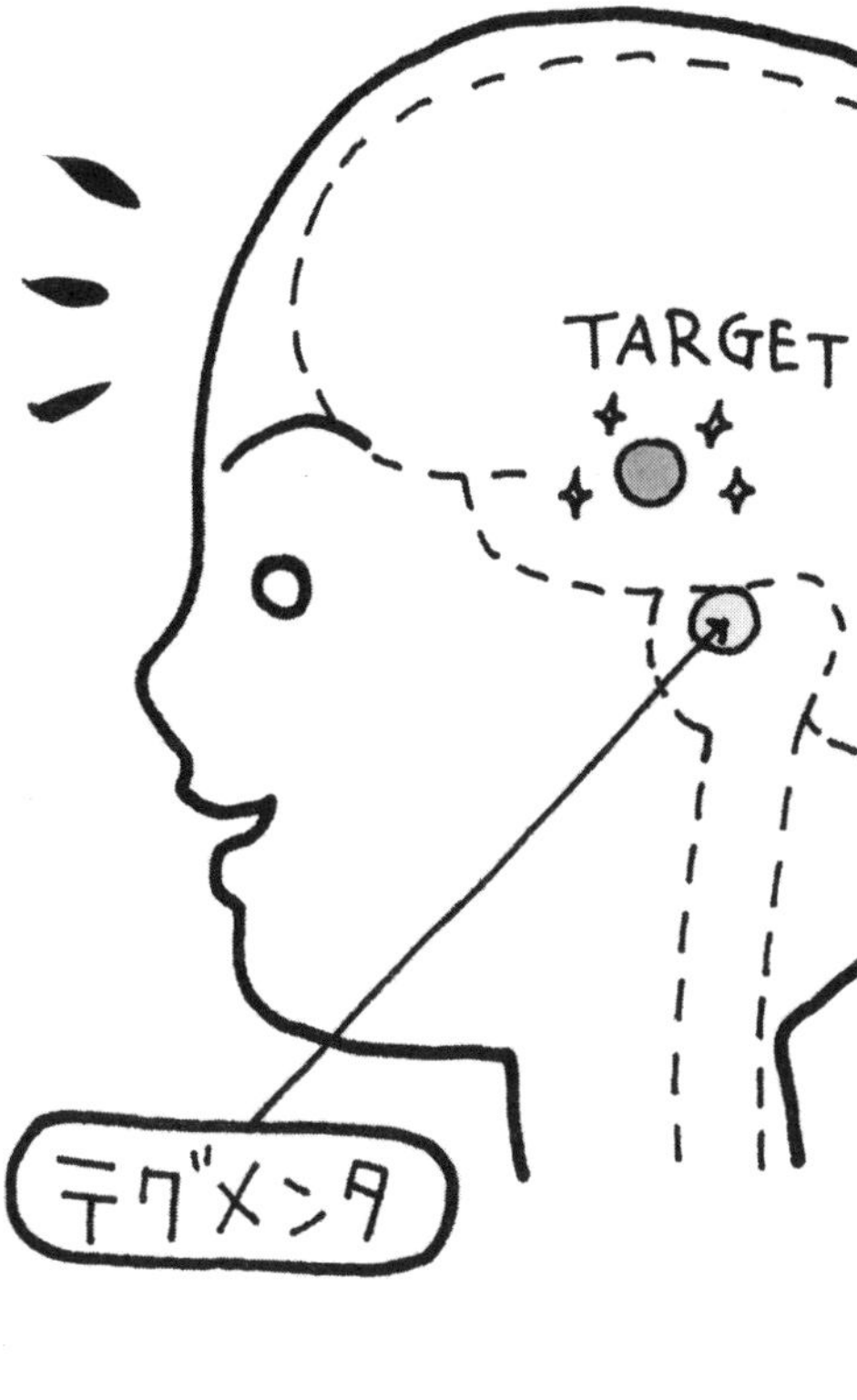

スイッチⓇ

（ごほうびを与える）

しめ切り終了後
はぁ
終わったー
おフロ
サイコー
上がって冷蔵庫に直行
ううう
がまんできん
コクコク
コクコク
ぷはぁーーーっ
うまい♡

すっごい気持ちいい!!

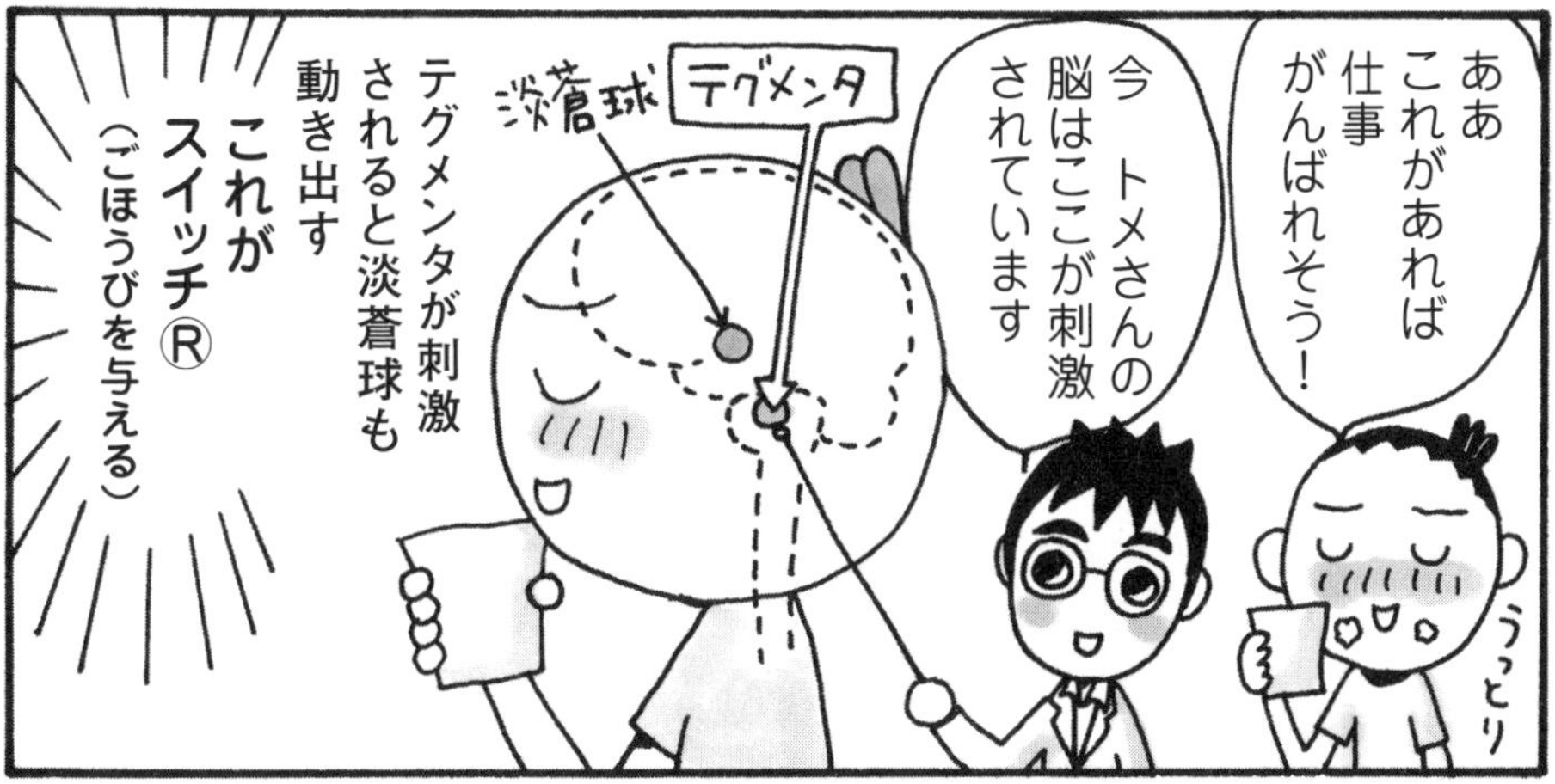
ああ これがあれば 仕事 がんばれそう!
うっとり
今 トメさんの 脳はここが刺激 されています
テグメンタ
淡蒼球
テグメンタが刺激 されると淡蒼球も 動き出す
これが スイッチⓇ
（ごほうびを与える）

こんなとき
テグメンタは刺激される!!
おいし～
好きな音楽を聴く
やっぱり いいわー
ゲームをクリア
クリア した!!
かわいい ～

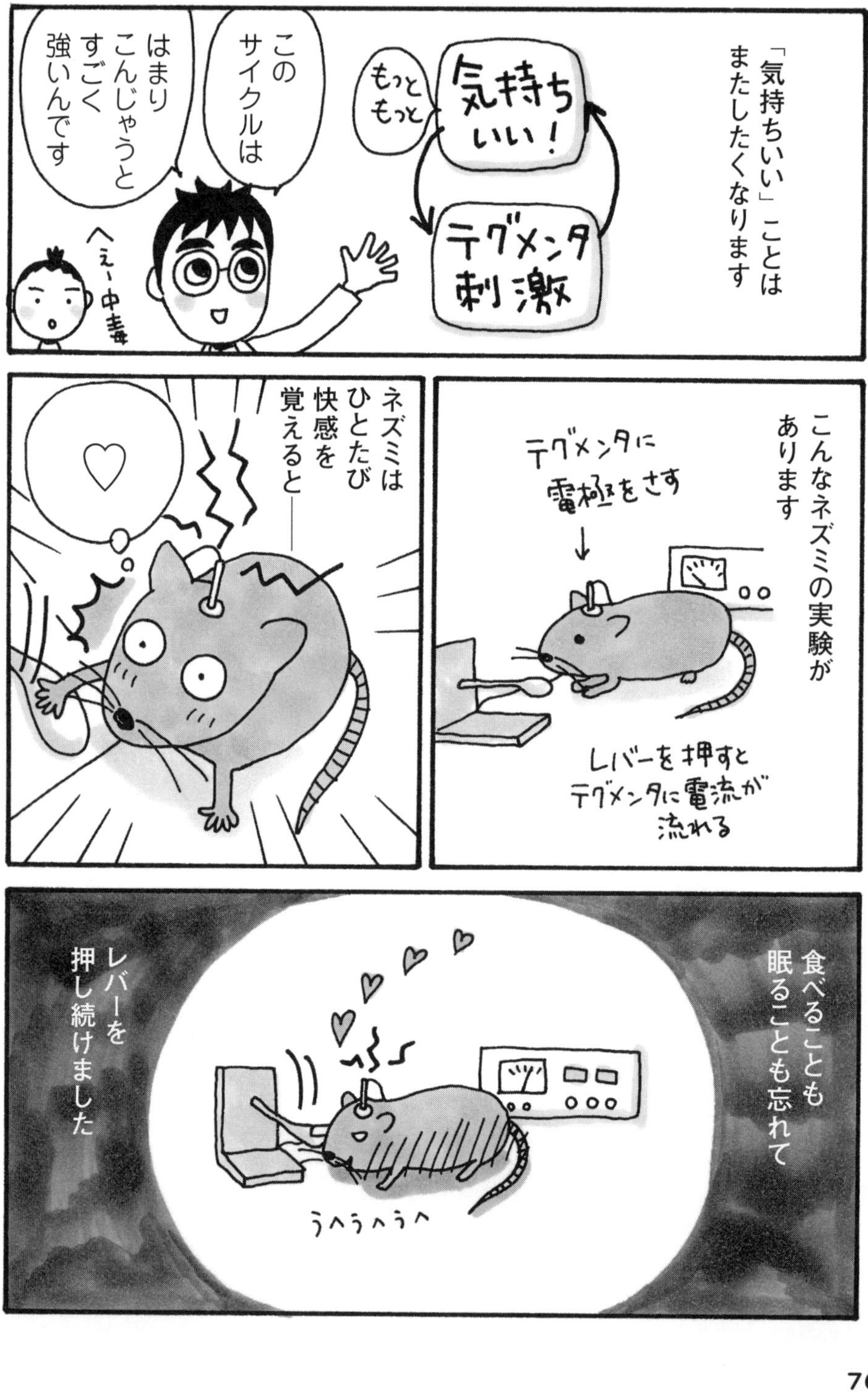
「気持ちいい」ことは
またしたくなります
気持ちいい！
テグメンタ刺激
もっともっと
このサイクルは
はまりこんじゃうとすごく強いんです
へぇ～中毒
こんなネズミの実験があります
テグメンタに電極をさす
レバーを押すとテグメンタに電流が流れる
ネズミはひとたび快感を覚えると――
♡
食べることも眠ることも忘れて
レバーを押し続けました
うへうへうへ

テグメンタは刺激されると目の前のことに集中しちゃって
It's a small world.
まわりが見えなくなるんです
一途なのねー
逆にこれを利用しない手はない
たとえばジョギング
最初は続けるのが大変だけど、ところどころに「気持ちいい」ごほうびをつくれば続きやすい
3日
マッサージに行く
7日
エステに行く
10日
服を買う
つづく
そしてある日——
最近しまってきたね
ホント？ そういえばカラダの調子がいい
やがてその続けること自体が快感になればしめたもの
毎日ジョギング
気持ちよくてやめられません

気持ちいいごほうびには
目に見えるものと
見えないものがあります
目に見えるもの
お金
品物
旅行
食べ物
エステ
目に見えないもの
ほめられる
いいぞ！
すごい!!
それほどでも～
理解してもらう
好きな人に会いに行く
達成する
好きな音楽を聴く
自分のごほうびを決めて
走り出そう！
ではスイッチⓇの説明をもう少し

「ごほうび」を正しく設定しよう！

馬にニンジン、オットセイに魚、犬にビーフジャーキー、コドモにお菓子。

「もうやめたいな」とくじけそうなとき、ごほうびがあればもう少し続けられそう。がんばって続けているときは、もっと先に行けそう。

ごほうびは、種族、年齢、性別関係なく、効果を発揮するもの。ごほうびが何かは、人それぞれですが。でもそれももらうタイミングとものによってはすぐマンネリ化してしまうので、工夫は必要です。

「ごほうびをもらって嬉《うれ》しい！」というときに、刺激されるのがテグメンタ。ここを刺激されると、ものすごい快感があります。そして、その快感を求めて、また同じことをする。これが続く原理です。でもこの快感はかなり強くて、他のものが見えなくなってしまうほど。怖い例では、麻薬や酒やタバコの依存症もあります。

「あばたもエクボ」なんて、いい例です。恋愛の快感に浸っているときは、相手のあばた（ニキビ跡）もエクボにしか見えない……。また、好きな人には、面倒なことでもおっくうに思わず、尽くすことができます。

　でもこれをいいほうに利用しない手は、ありません。

　まずは「自分へのごほうび」を、選んでみましょう。多いのは、食べ物、飲み物。大きな節目で、品物でもいいし。たとえば片思いをしていたら、「ここまでできたら、彼に電話してみる」とか。むちゃくちゃがんばれそう♪

　また、親孝行やボランティアというのも、実は自分へのごほうびなんです。相手の喜ぶ顔が見られた、自分が役に立ったという感情は快感です。相手も喜んでくれるし、自分も嬉しい。一石二鳥。

　ごほうびは目で見えるものでももちろん嬉しいけど、でも一番の快感

元気？
今度温泉に行く計画をたてたんだけどー
親孝行も「自分が気持ちいい」

は「達成感」だと思います。それも人から言われたのではなく、自分で決めた目標を達成したとき。その快感を一度知ったら、もう次から次へとトライすることをやめられない。そうなったら、しめたもの。そこまで続けるのに、プリンやチョコや大福や好きなアーティストのコンサートなど、目に見えるものでがんばろう！

実はごほうび（達成による快感）には、まったく反対のものもあるんです。わざと自分を苦しい状態にしてそこからスタートをする。たとえばお化け屋敷。わざわざ怖い思いをして、出口まで来てホッとするその快感。また、何か願いを叶《かな》えたいとき、自分の好きな食べ物を断ったりしますよね。そして叶ったときにそれを口にしたときの快感。わざわざマイナスなところからスタ

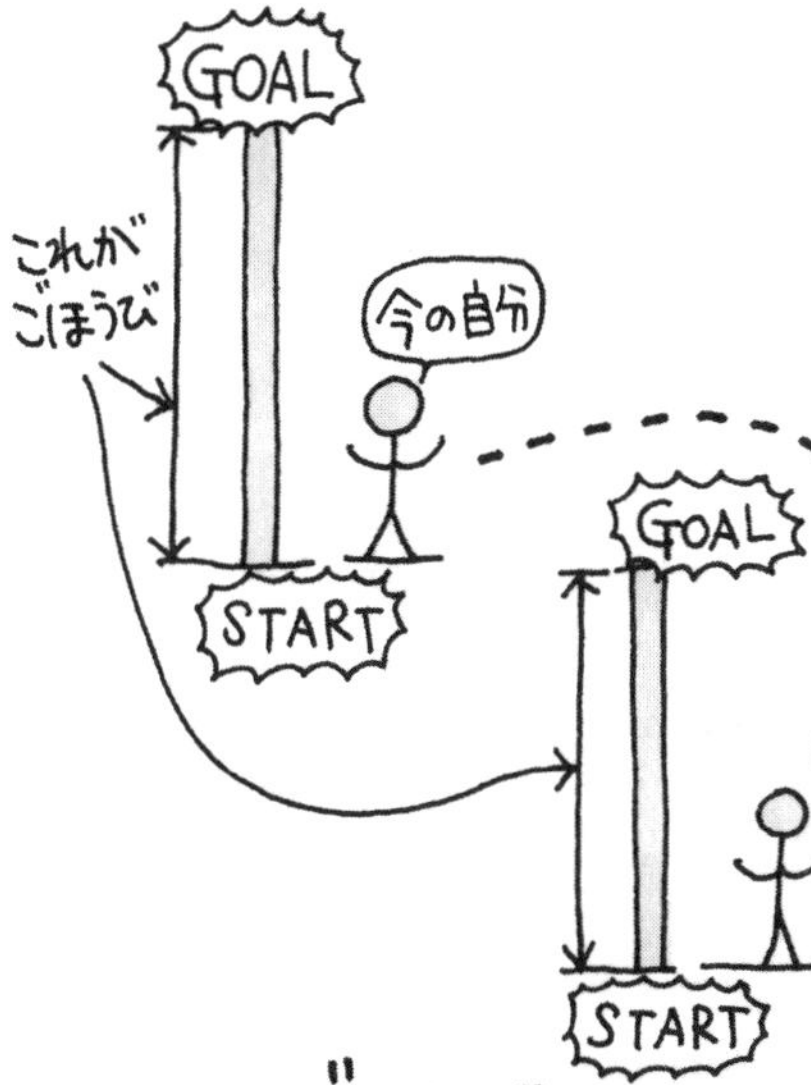
GOAL
これがごほうび
今の自分
START
GOAL
わざとマイナスからスタート
START

ごほうびのしくみ

ートして、もとに戻る。

実は、ごほうび、というのは現状とゴールの差なんです。この差を乗り越えたとき、快感が得られるんです！

でもこの差も最初からあまりに大きいと、達成するのは難しそう。はじめは小さな目標にして達成するクセをつけ、徐々にアップしたほうがいいみたいです。

ごほうびを何にしようかと考えるだけで、ワクワクしますね。ごほうびをもらって喜んでいる自分。その姿をイメージして、続けましょう！

自分のごほうびセットをつくっておく
見たいDVDセット
お菓子
ライブのチケット
読みたいマンガ本
サブレ
よし！今の仕事が終わるまで封印だ!!

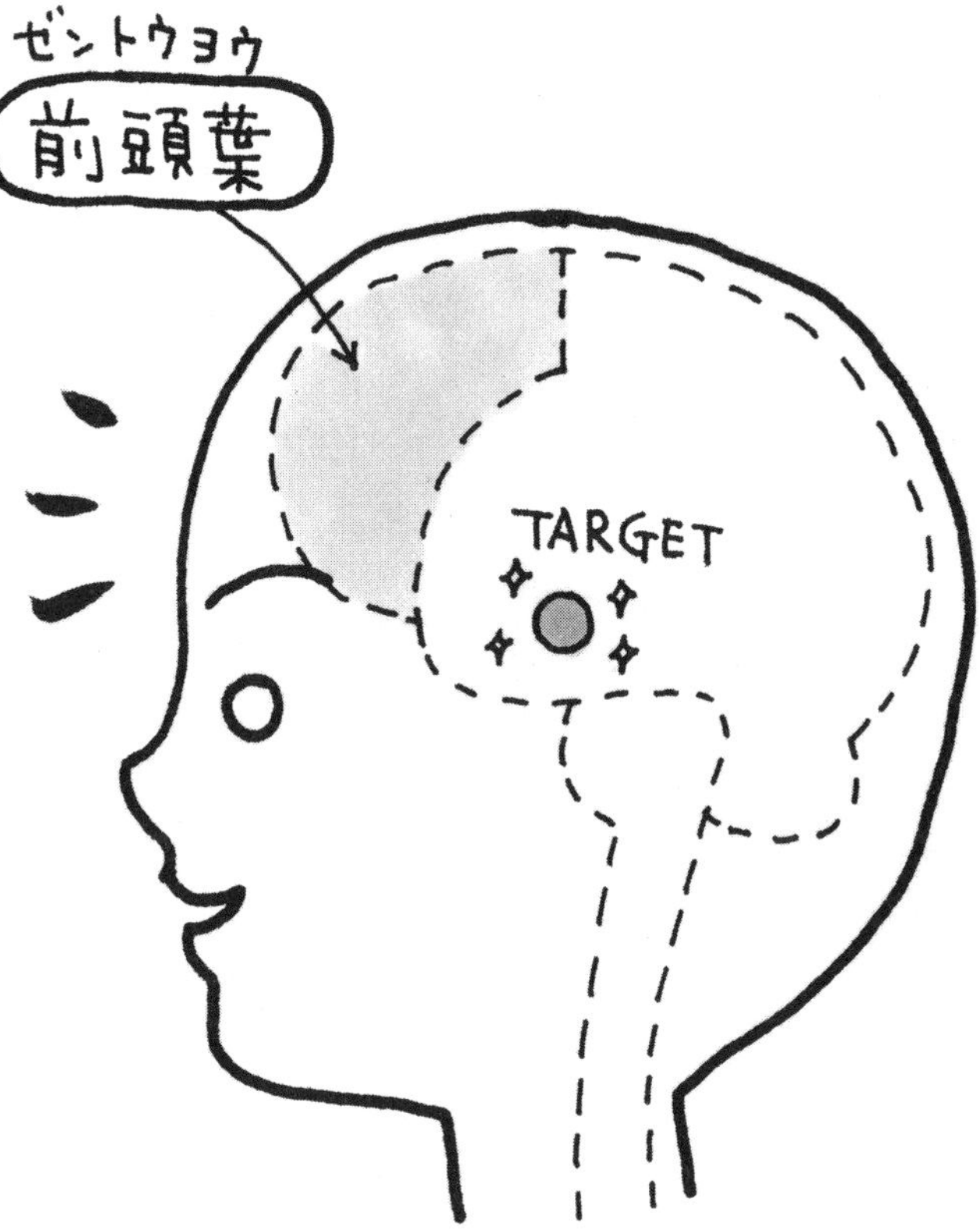

スイッチⅠ

（なりきる）

バレエをテレビで見る
キレイ…
私もあんなに脚が上がったらいいなぁ
ターンだってできるかも!!
えいっ
くるっ
ドシーン
ハハハトメさんもなりきりやすいですね
実はボクも
でも脳はこの「なりきり」に弱いんです
え？バレリーナになるんだ
前頭葉
淡蒼球
思いが強ければ強いほど——

淡蒼球も連動する
これがスイッチⅠ
（なりきる）
すると日常の動きにも変化が!?
無意味にポーズ
顔がシリアス
食べる物にも気を使う
姿勢が
←よくなる
何も考えないで踊るよりなりきったほうがはやくうまくなります
私は※熊哲～
バキッ
とにかく脳はだまされやすいんです
たとえば何の関係もない男女ふたりを
Aさん
Bくん

※熊川哲也さん

こんな場所に
連れて行きます
ドーン
Aさん
Bさん

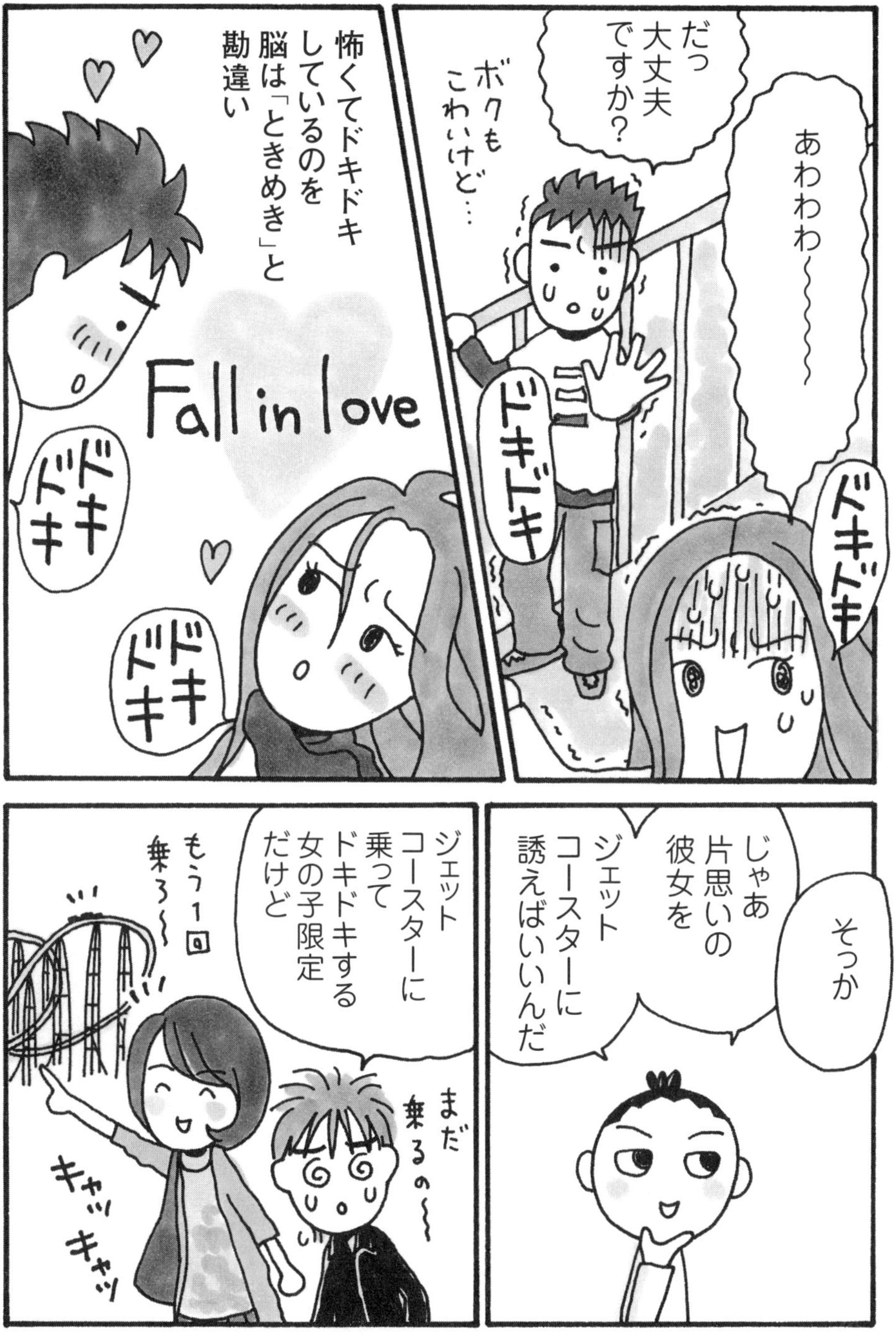
だっ大丈夫ですか?
ボクもこわいけど…
あわわわわ〜〜〜〜
ドキドキ
ドキドキ
怖くてドキドキしているのを脳は「ときめき」と勘違い
Fall in love
ドキドキ
ドキドキ
じゃあ片思いの彼女をジェットコースターに誘えばいいんだ
そっか
ジェットコースターに乗ってドキドキする女の子限定だけど
もう1回乗ろ〜
まだ乗るの〜〜
キャッキャッ

ロミオとジュリエットも
親に反対されたからなおさら
盛り上がったのかも——
おとうさまと
おかあさまに
見つかったら
どうしよう
ドキドキ
ドキドキ
これを利用
しない手は
ない！
夢や目標を
具体的に決めて
先になりきっちゃう
んです
そしたら
いやおうなしに
続けられる！
たとえば野球少年のCくん
オレは
プロ野球の
選手になって
メジャーに行くんだ！
強い思いこみで
スイッチⒾが入る
そして淡蒼球も
動き出す
そーなんだ!!

すると今まで何げなく過ごしていたのに
あっ野球特集
どんどん情報が入ってくる
次は野球のニュースです
毎日のつらい練習も
プロ野球選手になるんだからこんなの当たり前
だから続く
ザザーッ
やる気で目がキラキラ
おー
いい感じ
カントク
あぶないっすよ
なりきっているから淡蒼球からやる気が出て続くんです「念ずれば通ず」はホントかもしれません
へぇー
スイッチⅠをさらに説明します

「憧れの人」になりきる！

「吊り橋効果」は、脳がだまされやすいいい例ですが、ここでもう一つ面白い例を池谷さんに教えてもらいました。それは、怒ったときにたまたまドキドキしているほうが仕返しが大きいこと。

　ドキドキしていると、脳が「こんなにドキドキしているんだから、（実際よりも）もっとひどいことをされたに違いない」と判断するんです。だから同じことで誰かを怒らせても、平地よりも吊り橋やお化け屋敷で怒らせたほうが、相手からの仕返しが大きくなるんですね。運動した直後なんてもってのほか！　人を怒らせるときは、場所を選びましょう。特に別れ話には、気をつけたいです。

クスリ飲んだら痛くなくなってきた！
たとえ違うクスリでも
治ると信じていれば
ホントに治ったりするらしい

　また、だまされやすいといえば、クスリの話があります。

絶対合格!!
めざせ! バラ色大学生活
合格
こーいうの決してムダじゃない

「自分がこれを飲んだらよくなる」と信じているクスリは、たとえ単なるビタミン剤でも本当に治っちゃう。これは有名な話ですよね。そういえば私は小学生のときに、大きな瓶に入った「おなかのくすり」(本当はビタミン剤)を毎日母親に飲まされていました。不思議と朝それを飲むと、おなかが落ち着いたんです。「これを飲んだら、おなかは落ち着く」と思いこんで飲んでいましたから。

なりきる→だまされる→思いこむ

たとえば野球の応援もそうなんです。「一発ホームラーーン!!」とか「ゲッツー、取れー!!」という声援は、意識を通りこして淡蒼球に働きかけます。するとやる気が出てくる。するとそこで眠っている力が呼び覚まされたらホントにホームラン打っちゃったり、ゲッツーを取っちゃったりすることもままあるそうです。だから応援しないよりは、応援したほうが実現する可能性がアップ。応援の横断幕も旗も、ハッタリじゃない。たとえ中学生の息子が「恥ずかしいから応援しないでくれ」と言っても、意識を通りこして淡蒼球はやる気になっちゃうんだから応援したほうがいいですよね。

また、受験生の貼り紙やハチマキもそうです。もう見慣れちゃうと、だんだん意識することもなくなっちゃいますが、無意識の脳は、いつでもきちんと見ています。

「合格した」と貼り紙をしてなりきる。そうしたら、合格する可能性は上がるかも。いやいや、その受験校に制服があるなら、いっそそれを着て勉強するっていうのはどうかな?

「なりきる」ことによって前頭葉が活動して、淡蒼球も活性化します。こっそり、なりきってしまいましょう。

ロミオとジュリエットが両家に許されていたら
もう別れましょー
ああお互い価値観が違ってたね
早々に別れてたりしてー

からくり編2のまとめ

淡蒼球を活発に動かす、４つのスイッチ。

スイッチⒷ（Body カラダを動かす）

●カラダを動かすことで、入るスイッチ。

●やる気がないときこそ、出かけてみる。

スイッチⒺ（Experience いつもと違うことをする）

●いつもと違う場所に行ったり、違うことをすることで入るスイッチ。

●脳は新しいこともすぐマンネリ化させるので、目線を変えてちょっとでも違うことをしてみると効果的。気分転換をしてみる。

スイッチⓇ（Reward ごほうびを与える）

●ごほうびを用意することで、入るスイッチ。

●キモチいいことで刺激される「テグメンタ」は強いパワーを持っていて、続けることの原動力となる。

スイッチⒾ（Ideomotor なりきる）

●なりきることによって入るスイッチ。

●思いこみが強いほど、脳はだまされやすくその気になる。

第3章

やってみよう編

まずは20回、続けよう！

さぁて、からくりもわかったところで、うずうずしてきたでしょう。実際に何かを始めてみませんか？

新しいことでもOK。また、今までやってたけれど、途中でやめちゃったものでもいいです。

とりあえず、20回、キモチもリセットして続けてやってみましょう。この「20回」という数字は、池谷さんと決めました。はじめの目標は、小さめに。焦らない、焦らない。それができたら、どんどん大きくしましょう。

さあ!!

つづけるコツを知ったからには何かを始めよう!

やらなきゃソンソン
ここに書いてもいいし、自分のノートに書いてもOK。とにかく今の自分の「やろう！」というキモチを、文字にしておこう。

書いてね!

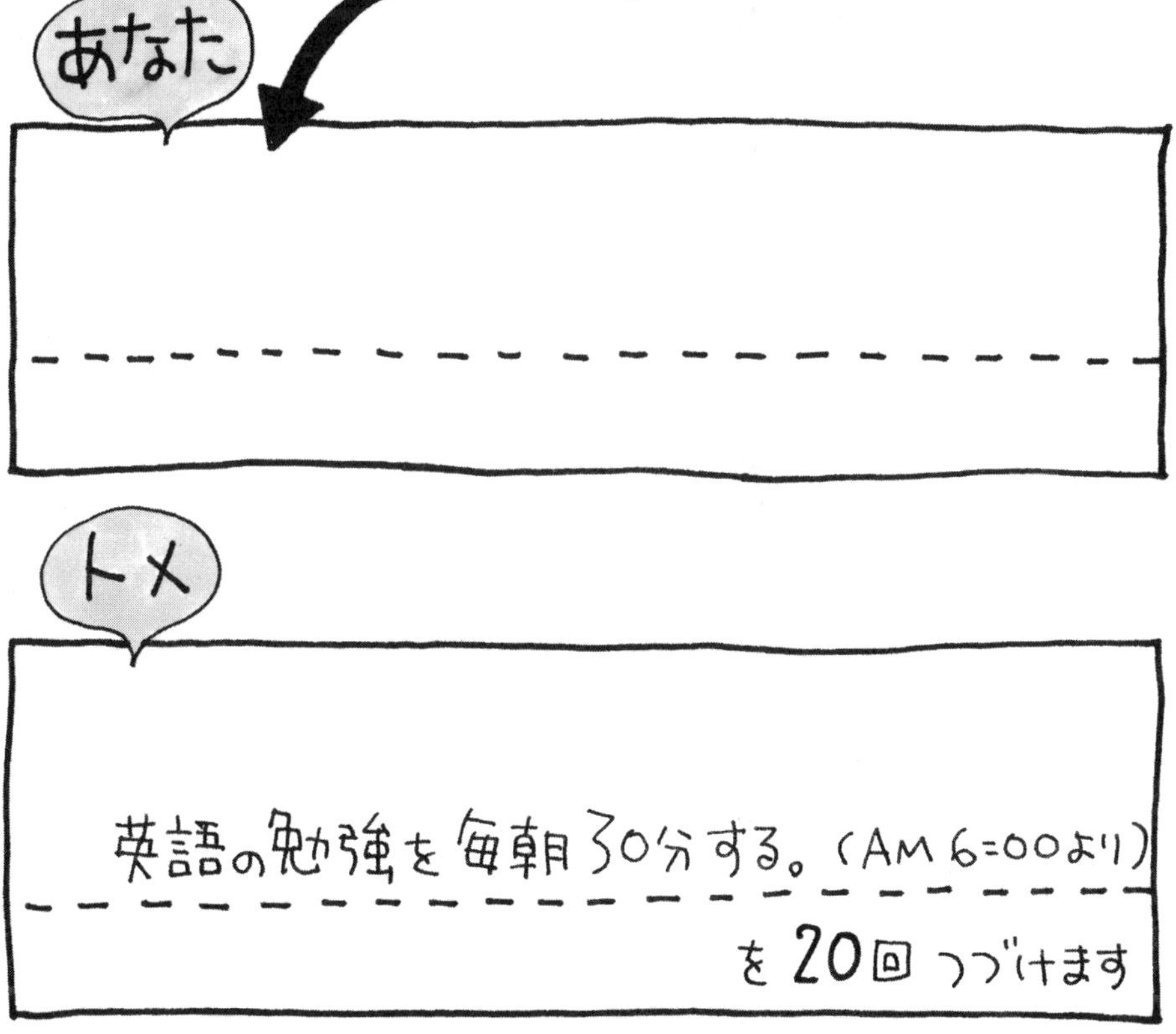
あなた
トメ
英語の勉強を毎朝30分する。(AM6:00より)
を20回つづけます

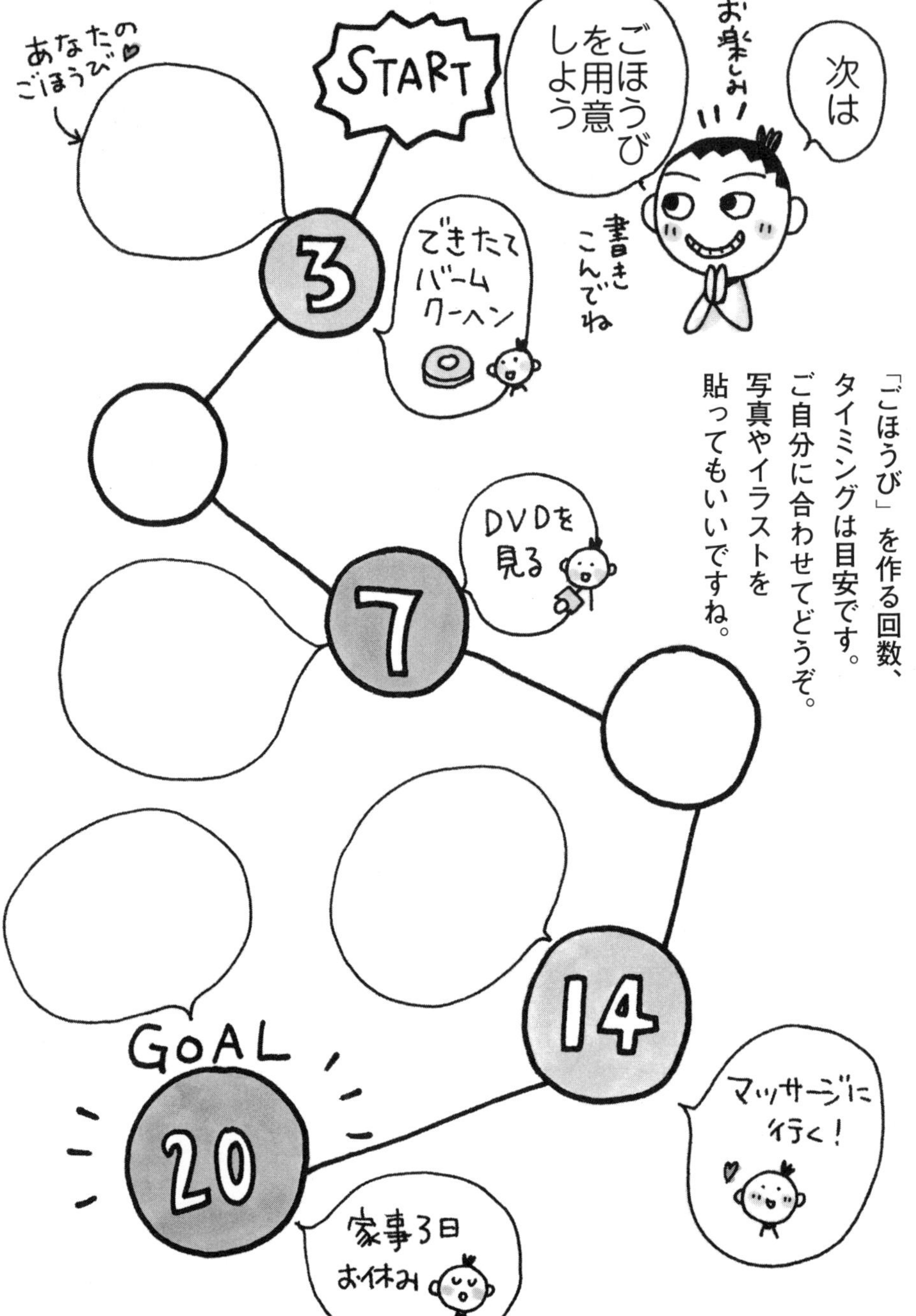
次は
お楽しみ
ごほうびを用意しよう
START
あなたのごほうび
3
できたてバームクーヘン
書きこんでね
7
DVDを見る
14
マッサージに行く！
GOAL
20
家事3日お休み

「ごほうび」を作る回数、タイミングは目安です。ご自分に合わせてどうぞ。写真やイラストを貼ってもいいですね。

頭の中に入れておきたいグラフ

これを知ってたら大丈夫!!

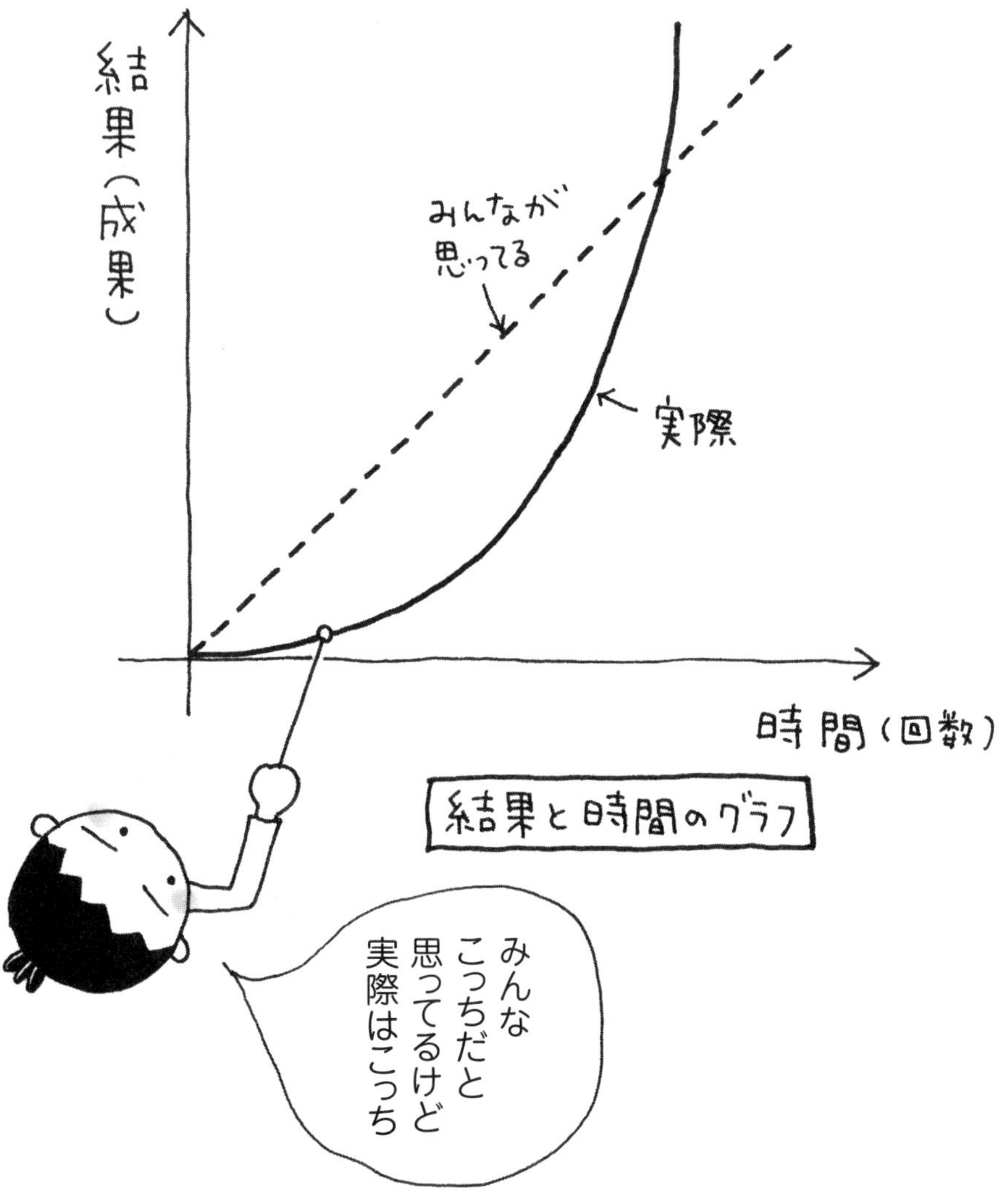
結果（成果）
時間（回数）
みんなが思ってる
実際
結果と時間のグラフ
みんなこっちだと思ってるけど実際はこっち

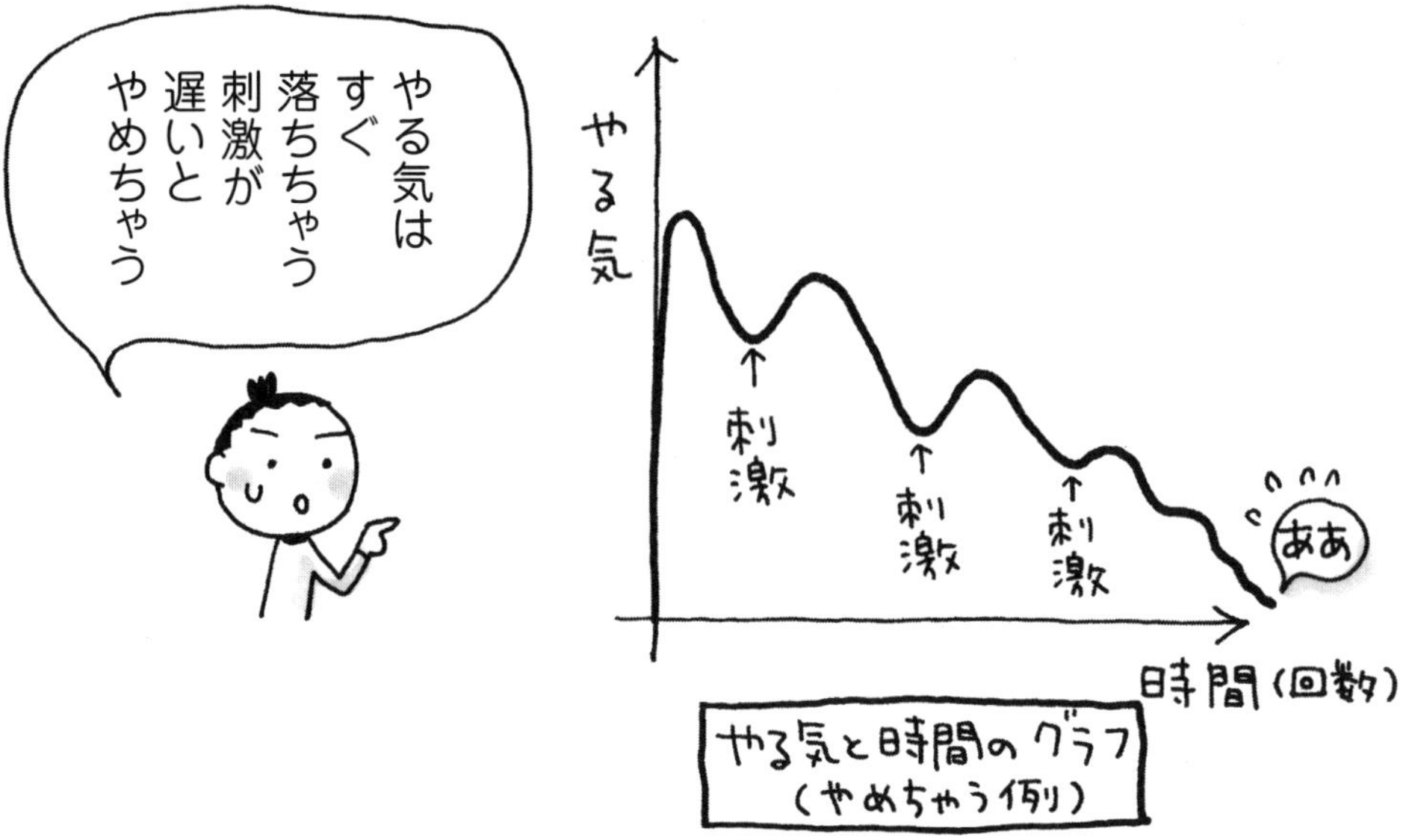
やる気はすぐ落ちちゃう刺激が遅いとやめちゃう
やる気
刺激
刺激
刺激
ああ
時間(回数)
やる気と時間のグラフ
(やめちゃう例)

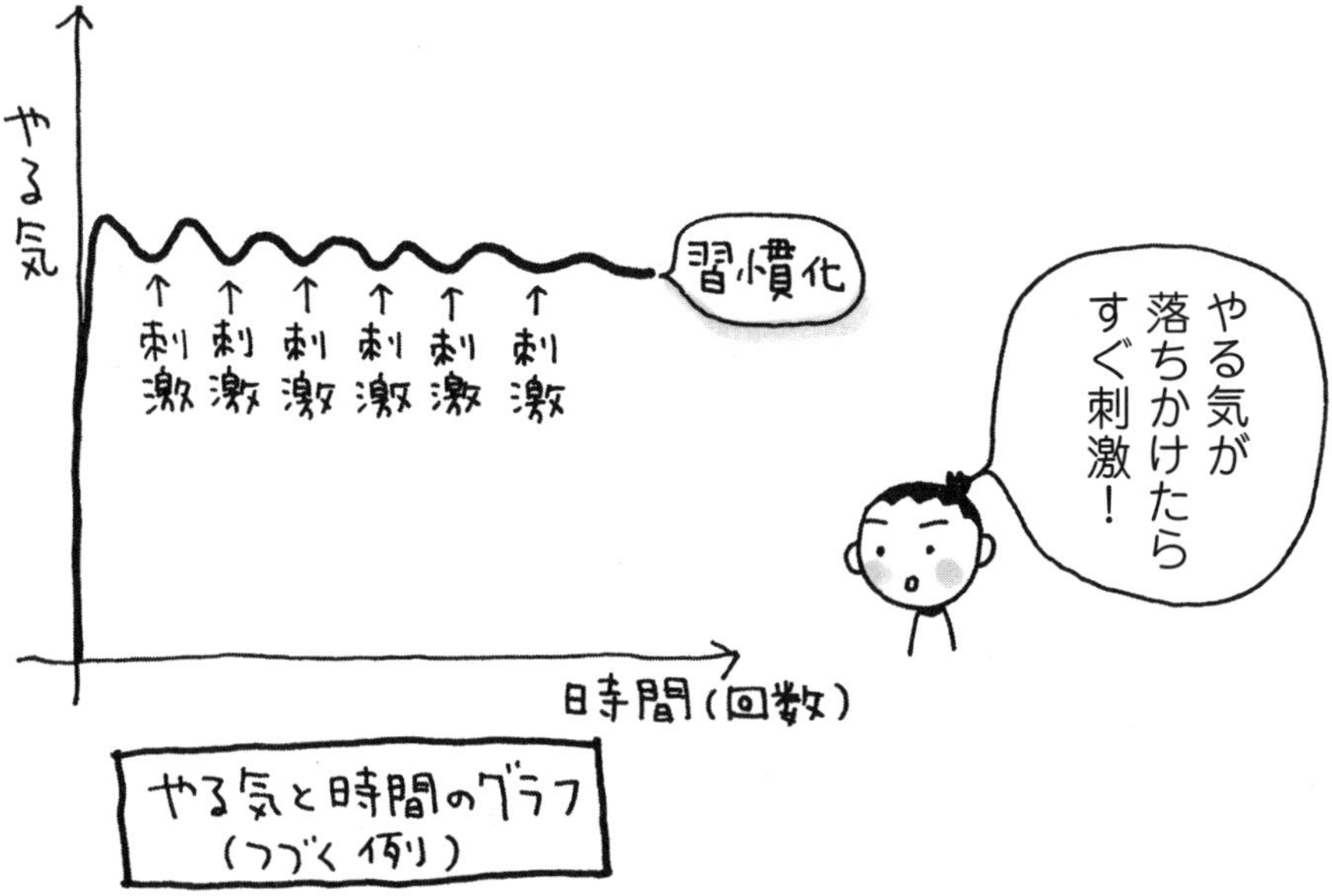
やる気
刺激
刺激
刺激
刺激
刺激
刺激
習慣化
時間(回数)
やる気と時間のグラフ
(つづく例)
やる気が落ちかけたらすぐ刺激!

だから途中でくじけそうになったりめんどくさくなったりしたら次のページをめくってね
刺激となるお助けコンテンツ
16
それでは
スタート!!
一緒に20回を目指そう!

01

スイッチⓇ※

最初の目標は小さくする

大きな山を
いきなり
登るより
小さな階段を
登ったほうが
いつのまにか
頂上につく
それって
小さなお菓子を
食べていると
いつのまにか
全部
食べちゃった
と同じこと？

目標を立てるときはキモチも乗っているので、つい大きなものを立ててしまいます。目標が大きいと、結果も大きくなるような気がして。

でも、待てよ。たとえば登山をしたことがない人が、いきなりアルプスを目指

※厳密にスイッチの種類が合致するわけではありません。

すのは危険です。山頂にたどりつく前に、事故が起きそう。それよりも、まず、近所の標高１０００メートルくらいの山に登って、そこがＯＫだったら、徐々に高い山にしていったほうがいいです。

私の家の近所に『西鳳翩山《にしほうべんざん》』という山があるけど、ここはちょっとしたハイキングコース。登山経験があまりない私でも、気持ちよく登れてすごい達成感がありました。

続けるための目標は、最初はちょっとカンタン、ものたりないくらいがいいかも。とにかく習慣にするのが大切。続けていくうちに、目標は徐々に大きくしよう。

「まず、20回続けよう」

「20回」を何回やったら「10年」になるのかな?
頭で考えるよりやっちゃったほうがはやいのでは

02

スイッチⓇ

腹八分目でやめる

小さいとき
バナナが大好きだった
息子
ほぼ
毎日
食べてた
でも食べすぎて
おえ〜〜
それ以来
食べられない
英語の勉強も
ピピピピ
せっかく
のってきたのに
制限時間!!
つづきを
聴くのが楽しみ〜
いいところで
終わろう
English

01でも書いたように、始めたばかりのころは「やりたい！」ってすごく盛り上がっているので、ついつい長い時間やってしまいます。でも最初にたくさんやってしまうと、次回は「あー、あんなにまた時間かかっちゃうんだ」と思って、ちょっと気が重くなる。

また、はじめに長くやりすぎると、次回はそれよりも短くなるので、精神的に「しりつぼみ」という印象が生まれてしまいます。下降気味なのって、ネガティブに思ってしまう。

だから私はあえて言いたい！

楽しくてやりたくてしょうがないときこそ、ブレーキをかけて腹八分目にしましょう。そうしたら次はすごく集中できます。

食べ物だって同じ。どんなにおいしいものも、たくさん食べてしまうと「しばらくいいや」ってことになってしまいますよね。それよりも腹八分目でやめたほうが、また食べたくなります。

「次回が待ち遠しくなる」

何事も腹八分目がいい…
もっと食べたい

03

スイッチⓇ

ごほうびを用意する

小学生のころ、ラジオ体操最後の日にもらうジュースとノートが、とにかく嬉しくて。ごく普通のノートなんだけど、これをもらうと毎朝眠くてもがんばってきた、という努力が報われた気がするんです！　ごほうびは効果絶大。

だったら自分でごほうびを用意すればいい。一番わかりやすいのは、食べ物。また、大きな区切りまで終わったときは、品物でもいいです。始める前に自分の欲しいものを具体的に書き出して、予算を立てながら、どの段階で何を買うか考える。これだけでワクワク。

また、好きな人に会う、お気に入りのアーティストのコンサートに行く、温泉、エステ、マッサージに行く、なんてのもいいです。

ごほうびは、すぐ見える場所においておくと効果大。たとえばコンサートのチケットを貼っておく、また欲しい服やバッグの切り抜きをノートに貼っておくとか。でも、ごほうびも多すぎないようにさじ加減が大切。「もう少し」がいいくらいかな。

「ごほうびをgetしたときの自分を想像しよう」

3カ月後に押尾さんのライブ
仕事、どのくらいすすんでるかな

04

スイッチⒷ
スイッチⒺ

同じ時間にやる

毎朝同じ時間に起きるとある日ー
目覚ましが鳴る前に目が覚めた
するとだいたい同じ時間に
おなかすいたー
ぐぅ〜
ということは英語の勉強も決まった時間にしてると
ある日その時間になると——
あれれ
勝手に英語が!!
んなわけないか
Good mor
What are you
doing today
I think

高1の長女の高校で、進学ガイダンスがあり、こんな話を聞きました。

「家庭学習を効率よくするには、『4つの時間を決めること』」

4つとは、朝起きる時間、勉強を始める時間、晩ごはんの時間、そして寝る時間。これを続けていると、だんだんその時間になるとカラダが準備するようになるそうです。勉強の時間が近づいてくるとそわそわ。机に向かうと、落ち着くのかな。

確かに朝決まった時間に起きていると、あるときから目覚ましが鳴る5分前に目が覚めるようになるんです。また、最近朝起きてヨガを軽くやって、それから英語の勉強をしていますが、何かの理由でできないと、なんかものたりない。これって、体内時計？

同じ時間、というわけではないと思うけど、ライオンはおなかがすき始めたときが、一番集中力があって動きもいいそうです。狩りをするために。

自然の摂理を利用しない手はない!?

「体内時計に覚えてもらう」

やる時間を決めてみよう
起床、ヨガ、英語
朝ごはん、片づけ
昼ごはん、晩ごはんの仕度
犬の散歩、寝るー
あっ 仕事の時間は!?

05

スイッチⒾ
スイッチⒺ
スイッチⒷ

カタチから入る

あなたは何かを始めるに当たって、最初から道具をビシッとそろえるタイプ？

それとも、様子を見てからちょっとずつ道具をそろえるタイプ？

私はわりと小心者なので、最初は様子を見つつ、いけそうだなと思ったら調子

※Yogini（ヨガをする女性の意味。ヨーガの女性修業者）

に乗ってガッとそろえてまわりを驚かせるタイプです。でもカタチって大事。たとえば。私はヨガも習慣化したいなあと思っています。そのために、あこがれのヨギーニと同じような服を着てみました。もちろん体型も全く違うし、柔軟性も違うから同じポーズをしても全く別物。恥ずかしい。

「なりきったもん勝ち」

でもここでなりきる。「私もヨギーニ」って。するとどうすればそのヨギーニのような締まってしなやかなカラダに近づけるのか、分析を始めるんです。練習の仕方や食生活や考え方を参考にしたり。そして即行動。なりきっちゃえば脳もだまされて「そういうもんだ」と思うから、あんまり苦にならない。思いが強ければ強いほど。

最初に道具をそろえて投資して、P.120の「10　身銭を切る」という考え方もありますね。

ヨギーニだからふつうに毎日するのだ
と脳に言いきかせる

06

スイッチⅠ

図々しい妄想をする

14歳の少年はー
もてたい
という気持ちでギターを始め
そしてスーパーギタリストの押尾コータローになった
イエーイ!
私も英語がしゃべれるようになってー
ジョニー・デップと話したい

私が大好きなアコースティック・ギタリストの押尾コータローさんは、中学2年生のときギターを弾くクラスメイトの男子が女の子たちにちやほやされているのを見て、「ギターを始めよう!」と決意したそうです。それから約四半世紀、彼はとんでもなく偉大なギタリストになってしまいました。

何かを始める最初のきっかけは、「もてたい」「かっこよく見られたい」「キレイに見られたい」「尊敬されたい」「ほめられたい」という俗っぽい動機が多いのでは？　かく言う私も英会話を始めたきっかけの一つは、「英語がしゃべれると、かっこいい」でした。

でも続けているうちに、ネイティブの人に通じたときの喜びを知り、もっともっといろんな人と話せるようになったらいいなあ、とだんだん目標が変わってきました。そして今ではちゃんと仕事でも使えるようになりたい、とＴＯＥＩＣや英検など具体的な目標に向かっています。

最初はどんなきっかけでも、続けてさえいれば、次の具体的な目標が見えてきますよね。

「下心だって立派なモチベーション」

What are you doing?
英会話の先生
NYに行って〜〜♡
個展して
ヨガやって
セントラルパークで散歩
クールな男性…
英語がペラペラになったらー
くっくっくっ

07

スイッチⒺ

友達をまきこむ

何かをやり始めて続けるとき、仲間がいるといいですよね。取り組むことが、同じものじゃなくても。

この本の企画を練っているとき、「どうすれば20回続くか」の方法をいろいろ実践してみました。そして「友達をまきこむ」を、実際担当編集者とやってみることにしました。同じときにスタートして一緒に20回のゴールを目指すこと。

私は英語のワークブックを毎日2ページ、編集者は最近始めたピアノの練習を毎日30分、どんなに忙しくても20日間はげましあってやろうと。

結果、なんとか続きました！　ほぼ毎日、メールで「今日はやりました」と報告しあって。途中どうしてもできない日があって毎日続いたわけじゃないけど、編集者がやってると思うと「明日は絶対やろう」と思うから、効果大。

ただし相手を選ぶときは慎重に。1日目で「もうやめた」と裏切る仲間だと、負のスパイラルループに。

何人かでやっても
楽しいかも！
やってるかな
みんな…
腹筋の
Yさん
ジョギングの
Sさん

「ひとりよりふたり」

08

スイッチⓇ

ほめてくれる人を、用意する

コドモにとって、話を聞いてくれて無条件にほめてくれる人、たとえばおじいちゃん、おばあちゃんなどの存在は大きいです。それは「甘やかす」とは違っていて、とにかく「認めてもらっている」という安心感が生まれる。

そんな存在が、私にとっては英会話学校の先生でした。忙しくてなかなか予習、復習できない、だから伸びない。でもレッスンにさえ行けば、発音でも小さなことでも何かしらほめてくれる。

もちろん先生たちは仕事だから、生徒のやる気を出すため多少大げさに、ということもあるでしょう。でも、それでやる気になれば、ＯＫ。

ただ、ほめられることが当たり前になると、今の自分に満足しちゃって先に進めません。定期的にテストを受けたりして、客観的に自分の実力がわかるようにしています。

ほめてくれる人。友達でも、家族でも、同僚でも探そう。お願いしてほめてくれる人をつくっておくという手も。

また自分も、だれかをほめてあげられる人でいたいです。

どんな努力でも
認めてあげるだけで
元気になれる
がんばってるねー
子育てと一緒

「認めてくれる人がいると、やる気が出る」

09

スイッチⓔ

続かなくて当たり前と思う

今までは
あきた
私ってあきっぽいからしょうがない
あきらめてたけど
英語
あきるのは「脳のせい」と知ったので
私の性格のせいじゃないんだ!!
あきた…
ハッ
脳がマンネリ化させようとしてるっ
みんなここでやめるんだなー
よし！スイッチを入れ替えよう

森の中を、てくてく歩いているとします。ところが落とし穴があって、知らずに落ちてしまった！　パニックですよね。じたばたじたばた。

でもあらかじめ、落とし穴があることを知っていて、ましてや場所もわかっていたら！　足どりは軽い。だってよけていけばいいんですから。間違って落ちても、心構えはあるから「アハハハハ」で、笑ってすみます。

続けることも一緒。何度も言っているとおり、絶対に脳が途中でマンネリ化させてあきるように仕向けてきます。自分が悪いんじゃない、続かないのが当たり前。そうわかっていたら、「めんどくさ、やめたいなあ」という感情がきても動揺しませんよね。「しめしめ、きたきた、このキモチか」くらいに思えます。

そしたらチャンス。そこを乗り越えたら、次に行けるんですから。

あ！コレ
ひっかけ問題だ！
とわかると
テストも楽しい

「みんなが当たる壁を、乗り越えよう」

10

スイッチⒺ
スイッチⓇ

身銭を切る

無料だと気軽に始められるけど
あ、無料だってやってみよー
でもやめるのもー
やーめたっ
ピューッ
カンタン
本気でやろうと思ったら
うちの大蔵大臣
自分のお金を使おうー
キラン
「背水の陣」をしくのだ!!
もとをとるまでやめないぞー!
ホントにやめれんし

これは、「逆ごほうび」。できたらごほうびをもらうのではなく、できなかったらとられちゃう。でも、これだって立派なモチベーション。

無料や安価なものって始めるのにハードルは低いんだけど、あきらめやすい面もあります。私が数十年前にやった「ラジオ英会話」がいい例。テキストもそんなに高くないから、惜しげもなく途中でドロップアウト。また会社員時代、会社でやっていた英会話クラスもすごく月謝が安かったのにフェイドアウト。先生もネイティブだったのに。今思うともったいないことをしたなあ。

もちろん、そんなこと全く関係なく聴き続けて結果を出している人もたくさんいます。

最初は軽いキモチで始めても、だんだん変わって、「このまま続けて結果を出したい」とキモチが深まったときは、自分のものを差し出す。お金だったり時間だったり。そのほうが本気になれると思います。

ただし、その程度は自分で決めましょうね。

ギンギン
授業料分一語たりとも聞き逃さないように集中！
学生時代に欲しかったこの集中力

「『もとを取りかえす』も、モチベーション」

11

スイッチⒺ

今、やっている習慣にドッキング

NHKの英語プログラム「リトル・チャロ」
月～土まで毎日だけどいつでも公式サイトでストリーミングできる※
昼ごはんを食べるときに必ず聴くことにした
もぐもぐ
おかげでテキストは一
油
ケチャップ
ごめんチャロ
お昼は毎日食べるので
おかげでつづいてるよ

※2008年11月現在

新しいことを始めよう！　と思ったはいいけど、それまでの生活に定着させるのは決してカンタンではないです。手間も時間もかかるものだし。

できることなら、今やっている習慣にドッキングさせちゃいましょう。

たとえば、お風呂。私はどんなに疲れていても、毎日入るのでうってつけ。浴槽の中で今日あったことを英語で考えようと決意。

ところがはじめはその「英語で考える」こと自体を忘れちゃって、風呂から出てカラダを拭いているときに、「しまった！」と思い出す。

でもだんだん浴槽で思い出すようになってきて、なんとなく英語で考えるようになりました。そして、お風呂から上がって、書き留める。

犬と散歩しているときも、目に入るものを片っ端から英訳してみたり。これだって、立派な英語の勉強。

今やっている習慣を、利用しちゃいましょう。

おフロにもドッキング
英語で日記を考える
I went to…
うーんうーん
のぼせる…

「『絶対にやること』にくっつければ、まきこめる」

12

スイッチⒷ

人前でやってみる

街を歩いていたら
外国人↓
Excuse me?
道を聞かれた
シドロモドロ
後で――
こんな単語があったー
あんなフレーズもあったー
恥
くっそー
次のために勉強しよ
いきなりやる気!!

ダンスをかれこれ10年続けています。最初は運動不足解消目的で始めたのに、いつの間にか本気になって大会や舞台に出るようになっていました。

でも人前に出るときは、毎回すごく緊張！　いつもできていることができなくなっちゃう。くやしい！　恥ずかしい！

でも次は「こんな思いをしたくない」、そう思うと「もっとがんばって練習をしよう」っていうキモチになるんです。だから人前で踊ったほうが、ずっと練習だけをしているより格段に上手になる。

私は見栄っ張りだったので、何事も「ある程度うまくなってから、友達に見せよう」と思っていました。でも最近思うのは、どんな状態でも早く人に見せたほうがいいということ。だいたい「ある程度うまく」は、あまりにあいまいで、人様に見せるタイミングは一生きません。

最初のすごく下手《へた》っぴいなところを友達に見せておくと、後々ちょっとうまくなっただけでも、「がんばってるねー」とほめてもらえます。恐れず、どんどん恥をかこう！

「『恥』が次の目標を決める」

けっこう
キンチョ〜〜
?
友だちの前で
英語を話すだけでも

13

スイッチⒷ

気が乗らなくても、とにかくその場に行く

続けようと思っていたことを、何かの理由で中断してしまったとき。次に行くときは、なんだか敷居が高くなった気になりますよね。

1回ならともかく、2回となると……。ブランクがあくほど、足が鉛をつけた

ように重くなる。でもそこでほうっておいたら、敷居はどんどん高くなってしまうので、勇気を出してとにかくその場に行く！　行ってしまえば、次にやることが見えてくる！

特に運動関係は、動かさないと筋力がテキメンに落ちてきます。柔軟性も持久力も筋肉もつけるのは大変なのに、落ちていくのはあれよあれよという間。すると、またどんどんやる気が落ちていきます。

とにかく、準備が不十分でもその場に行きましょう。行ってその雰囲気の中に入ろう。

行くときはすごくおっくうで気が乗らなくても、終わった後は「やっぱり来てよかった」と必ず思うはずです。

「雰囲気に飲まれよう」

14

スイッチⒷ

移動中にやる

移動するときは「英語の勉強」をすることにしました
ご搭乗ありがとうございます
まず睡眠
ご――っ
そして到着まで勉強!!
もりもり
時間が限られているので集中できる
たまに第一段階で終わることあり!
はっ
もう着いた!?

飛行機に乗る機会が多いのですが、何故かワクワクします。いろんなアイディアがわいて、すぐに始めたいという衝動にかられる。元気なときは、だけど。睡眠不足のときは、ゆりかご状態で着陸までぐっすり。

いつもとは違う風景、環境でやる気にスイッチが入ります。また時間が限られていることもあって、集中力もアップ。

通勤・通学だと見る風景も慣れているから、ワクワクすることは減っても、カラダも視線も動いているからやる気は出るかも。そういえば会社員のころ、通勤時間がわりと長かったので、本を読む時間と決めていました。読み出すとどんどんはまって、会社員時代はずいぶんたくさんの本を読みました。

今はふだん、ほとんど自分で運転して移動するので、車の中で英語のＣＤやｉＰｏｄを再生。切れ切れの時間でも、積み重なると結構な量を、聴けるものです。

「『持ち歩きセット』を、つくろう」

車にも接続可
iPod
English
テキスト
筆記用具
Extra
荷物が削いときは留守番
電子辞書
どこでも英語
3点セット

15

スイッチⒺ

誰かを喜ばすためにやる

あ〜 めんどくさ〜
もう やめよっかなー
自分のためだと あきらめやすいけどー
英語がもっと話せるようになったら喜ぶ人はー？
Good for you!
今まで教えてくれた英会話の先生たち
家族
私ももっと勉強しよー
すげーっ
海外旅行!!
そしてこれから出会う世界中の人

コドモたちが小さいとき、仕事をやってもやっても先が見えない時期が続きました。忙しいばっかりで、お金もなかなか増えない。でも、コドモたちが大きくなったら旅行に行けるくらいの余裕が欲しい、と思っていたので、ひたすらあきらめることなく一生懸命続けました。おかげで今、コドモたちと旅行することができています。

自分のことだったらあきらめちゃうことでも、誰かのためだとできることってありますよね？

だから今やっていることを続けることで、喜んでくれる人のことを考えてみよう。誰が喜んでくれる？

教えてくれる先生、パートナー、家族、友達、親。まだ出会ってない人々。もしかして今やっていることが、人類を救ったりして。

自分のしていることが喜びのタネにつながってるかも、と思ってもう少し続けよう。

どのくらいの出会いが待ってるのかな～
ぐるぐる
似顔絵やマンガで喜んでくれるかなー

「誰かのためだと、もう少しがんばれる」

16

スイッチⒾ
スイッチⓇ
スイッチⒺ

はじめのキモチを思い出す

「やろう!」と思ったときは
メラメラメラ
ゴォーーッ
すごい盛り上がるのに
3日もたつと
鎮火
でも脳のしわざだから仕方ない
最初の燃えてるときに決意を書こうか
ゴーーッ
メラメラ
思い出そう!初めの気持ちを
ぜったいやる!!
何のこと?

始めるときはすっごい盛り上がってるのに、そのまま続けているとやがて冷めてしまう。あんなに熱かったキモチはどこへ？　それはもうおなじみ、脳の仕業。

「はじめのキモチは、後々救急箱になる」

どんなに楽しいことも、興奮することも、ずっと続けば脳がマンネリ化させてあきさせてしまいます。

「やめようかな」と思ったときは、最初のキモチを思い出そう。なんで始めようと思ったのか？　そして自問自答してみよう。

たとえば私の場合、「英語が話せると、かっこいい」というのが最初の動機。「今でもそう思う？」「うん、思う。やっぱりまた、海外旅行に行きたいし」「だいたい、今まで何回挫折したの？　くやしくない？」「くやしい！　このままで終わりたくない。自分に負けたくないよ。やっぱり続けたい」「じゃあいったん一日の量を減らしてみる？」「うん、ちょっとハードルを下げよう。そうしたら続けられそう。で、また上げればいい」。

うん、続けよう。

さあ、どうです？
スイッチⒷ（カラダを動かす）
スイッチⒺ（いつもと違うことをする）
スイッチⓇ（ごほうびを与える）
スイッチⒾ（なりきる）
うまく使えました？
20回できた？
私はできたー・よ

GOAL!
おめでとう
20回
つづいた!
トメとハイタッチ

ザ
ヨガの
太陽礼拝のポーズ
今日も
カラダが
動くことに
感謝

コポコポコポ
One of the people I find admirable is Ichiro. You know, he is a Japanese Major leaguer.
Actually, when he had played in Japan, I wasn't interested in him. So why do I respect him now?
この生活を始めたのが5月末 気がつけば もう半年…
11
すごいです！
000-X
薬品作用学
三日坊主返上ですね
トメさんの脳はまんまとだまされてその気になってる

といってもしめ切り前は休んじゃうこともあるし
あるときは
うとうと
はっもう終わった
← リスニングCD
ま、睡眠学習
!?
でも今までだったら
やっぱりできん!
ってやめちゃってた
英語
仕事忙しいしムリ!
ポイッ
今はスキ間時間を見つけては――
お見事!!
パチパチ
何か英語聞こ
毎日何かやらないと自分に負ける気がしてくやしいんです
でもなかなか英語がペラペラにならない
Ah… Uh… Well…
まあ焦らずに!!
結果はすぐに出なくても

自分の意志で続けることは自信になるんです
自分を信じて進めば結果はいつか出る
続けるってやっぱり大切なこと
あきてやめちゃうのも人間
もういいや〜
めんどくささに慣れるのも人間
しないと気持ちわる…
淡蒼球はいつだって自分の頭の中にある
使わないと
もったいないよね!!

目指せ!!
あおだま
つかい!!

参考文献

池谷裕二・木村俊介『ゆらぐ脳』文藝春秋、2008年

池谷裕二『怖いくらい通じるカタカナ英語の法則』講談社、2008年

池谷裕二『進化しすぎた脳』講談社、2007年

池谷裕二『脳はなにかと言い訳する』祥伝社、2006年

池谷裕二・糸井重里『海馬』新潮文庫、2005年

池谷裕二『高校生の勉強法』ナガセ、2002年

池谷裕二『脳の仕組みと科学的勉強法』ライオン社、2001年

池谷裕二『記憶力を強くする』講談社、2001年

Heimer L, Van Hoesen GW. The limbic lobe and its output channels: implications for emotional functions and adaptive behavior. Neurosci Biobehav Rev 30:126-147, 2006

Pessiglione M, Schmidt L, Draganski B, Kalisch R, Lau H, Dolan RJ, Frith CD. How the brain translates money into force: a neuroimaging study of subliminal motivation. Science 316:904-906, 2007

あおだまのうた

作詞／上大岡トメ

やめたい めんどくさい
めんどくさい やめたい
ちょっと待って
そんなときは思い出して
蒼い玉〜
誰でも持ってる宝の玉
そこには
やる気の素《もと》が入っているよ
みんながさがしているもの

つづけよう
蒼い玉の力を信じれば
次の景色が見えてくるよ
大丈夫大丈夫 夢に近づく
もう少しやってみよう

眠れる あおちゃん

もうだめ しんどい しんどい
しんどい もうだめ
ちょっと待って
そんなときは思い出して
蒼い玉〜
誰でも持ってる宝の玉

そこには
あきらめない素《もと》が入っているよ
自分を信じてあげよう

つづけよう
蒼い玉の力を信じれば
ちがう自分に会えるよ
大丈夫 大丈夫 夢が待ってる
もう1歩 歩いてみよう

解説

池谷裕二

上大岡トメさんと一緒に仕事ができたらステキだろうなあ。そんなことを漠然と考えていたのは、私がまだアメリカに留学していたころでした。ある学習教材の制作のお手伝いをしているときに、担当者の方から「身近なイラストレーターの人が出したエッセイが日本で爆発的にヒットしているんですよ」という興味深い話を伺ったのでした。もちろん、その本とは『キッパリ！　たった5分間で自分を変える方法』のことです。

同じ担当者からは「池谷さん！　トメさんとコラボしたら、きっとスゴいことになりますね」というメールもいただきました。しかし、そんな夢のような話、内心そう願う気持ちはありながらも、「叶うはずもない」と、そのときはそう思っていました。

あれから、ほぼ４年が経《た》ちました。まさか夢が実現してしまうなんて、自分でもビックリしています。

この本を出すために、トメさんとの話し合いは2005年8月4日の1回目を皮切りに、何回も行われました。

ああでもない、こうでもない、こんなふうにしたらどうだろうか——そんな楽しい議論を繰り返すなかで、だんだんと本のイメージができあがってゆきました。

ところが、残念ながら私にはイラストの才能も文章の才能もありません。本書をパラパラとめくればおわかりいただけると思いますが、筆を走らせているのは全面的にトメさんであります。

その意味で、私自身は、脳科学の知識とアイディアを提案しただけになってしまいました。しかし、そのぶん、原稿がトメさんからあがってきたときには、トメさんのファンとして誰よりも先に楽しめたのは幸運でした。あのときに話し合ったコンテンツから、こんなステキなイラストやストーリーが生まれてくる。いやあ、ひさびさに興奮しました。愛くるしいイラスト、身近な具体例、等身大で心温まる励ましの言葉。至るところにトメさ

んの人柄が反映されています。トメ節、最高です。

淡蒼球を使って「やる気」を出す！

さて、この本の主軸は「蒼い玉」、つまり「淡蒼球」という脳部位にあります。淡蒼球は「やる気」「気合い」「モチベーション」など、日常生活において大切な基礎パワーを生み出す脳部位だといわれています。淡蒼球は誰もが持っている脳のパーツです。つまり、「やる気」は誰にでも出せるぞというのが、この本のポイントなのです。

ただし、淡蒼球を活性化するためには、それなりのコツが要《い》ります。ただただ「淡蒼球よ！　活動せよ」と無責任に念じるだけでは、淡蒼球は働いてくれません。淡蒼球は脳の内側から活性化させることはできないのです。

淡蒼球が動き出すためには、外からの刺激が必要です。その刺激となるのが、本文で何度も登場した「Ⓑ」「Ⓔ」「Ⓡ」「Ⓘ」という4つのスイッチです。この

ポイントさえ、きちんと理解してしまえば「やる気」や「継続力」を自分のモノにすることができます。改めて４つのスイッチを一つ一つ眺めてゆきましょう。

まずカラダを使え！

「B」は「Body」のこと。つまり身体です。「Ⓑ」は４つのスイッチの中ではもっとも効果的だと私は考えています。

一般的には、「脳」が私たちの最高層にあって、身体は脳の支配下にあると思われがちです。しかし、本当のところは逆で、「カラダ」が主導権を握っています。つまり、「脳からカラダへ」ではなくて、「カラダから脳へ」です。

これは動物たちの長い進化の過程をみればよく理解できます。脳とカラダではどちらが先に発達したでしょうか。もちろんカラダです。カラダのない脳はありませんが、脳がない動物はいくらでもいます。つまり「脳」は、進化の歴史のなかでは新参者なのです。そんなわけで、脳はカラダの奴隷になってしまっています。

ぐぐぐぐ
前のめりになるから
楽しい♪

私たち人類はとくに脳が発達していますから、うっかり脳のスゴさに目を奪われがちです。しかし、人間だってただの動物にすぎません。人間の脳だけが特別に偉いなんていう考えは傲慢な妄想なのです。

つまり「楽しいから笑う」のではなくて「笑うから楽しい」、「面白いから前傾姿勢で話に聞き入る」のではなくて「前傾姿勢で話を聞くから面白くなる」、「ヤル気が出たからヤル」のではなくて「ヤルからヤル気が出る」、私たちの心はそういう構造をしているのです。

だから、頭でウダウダと考えて悩むよりは、まずは何より、身体や環境を自分の目標に合わせてセットする。これこそが最大の近道なのです。

海馬を始動させるため、違うことをやる!

「Ⓔ」は「Experience（経験）」。私たちが日常生活で体験したことは、脳の「海馬」を通じて脳に貯えられます。そして、貴重な記憶や知恵へと変わってゆくのです。

しかし、ここで忘れてならないことは、経験がパターン化されて繰り返されると、海馬にまで情報が届かなくなるということです。

脳研究者によっては「海馬は脳の最高幹部だ」という人もいます。たとえば、脳を「大会社」にたとえてみましょう。会社には、パートさんや平社員、部長、重役など、たくさんの人が働いています。そんなメンバーで、もっとも重要な指令を下すのが社長（海馬）だというわけです。

ということは、逆に、よほど重要なことでない限り「海馬」まで情報が届かないということになります。ちょっとくらいの事態では海馬は関与しません。子会社ビルの3階のトイレの紙がなくなったからといって、社員たちは社長にいちいち報告しないでしょう。会社の存続に関わるような事件が生じたときにだけ、社長にまで情報が上げられます。

日常生活において、今経験していることが初めてのことだったら、それは脳にとって一大事です。重要事項として「海馬」に知らされます。このとき海馬は、淡蒼球などさまざまな脳部位を使って、うまく事態に対応することでしょう。しかし同じ経験を何度も繰り返すと、わざわざ海馬が顔を出さなくても、部下たちがいつもどおりの処理を代行してくれるようになります。これがいわゆる脳のマンネリ化なのです。
こうなると海馬は必要なくなります。逆にいえ

ば、海馬を活動させるためには、いつもとちょっと違う要素を取り入れてみるのがよいということになります。そうすれば、またその情報は非常事態として海馬にまで届くことでしょう。

脳の研究者たちは海馬を「差分検出器」という呼び方をします。「通常」と比べてみて、何か差が見つかると、海馬が活性化されるということです。

ごほうびをうまく使え！

「Ⓡ」は「Reward（報酬）」です。これについては説明は要らないでしょう。ごほうび（報酬）が「やる気」を生み出すことは誰もが納得できるところだと思います。ごほうびの喜びはテグメンタを活性化させます。テグメンタからはドパミンという快楽物質が出て淡蒼球に届けられます。つまり、テグメンタは淡蒼球をダイレクトに活性化させるのです。だからこそごほうびの効果は絶大です。問題は、本文にあるように、ごほうびの量とタイミングです。何が嬉しいかは人によって異なりますので、いろいろと試してみてください。意外なものが自分にとってごほうびになっていたりするものです。

なりきって、念じる！

「Ⓘ」は「Ideomotor（イデオモータ）」です。「観念運動」ともいわれ、いろいろな場面で観察される脳の現象です。たとえば、コックリさんという遊び。これもイデオモータの一種だといわれています。専門的には「筋肉の運動が意志や感情とは無関係に、無意識によって実行される」と説明されます。つまり、周辺の人や物によって、本人が気づかないうちに、「暗示」がかけられて、それに見合った行動を無意識に取ってしまうという現象です。

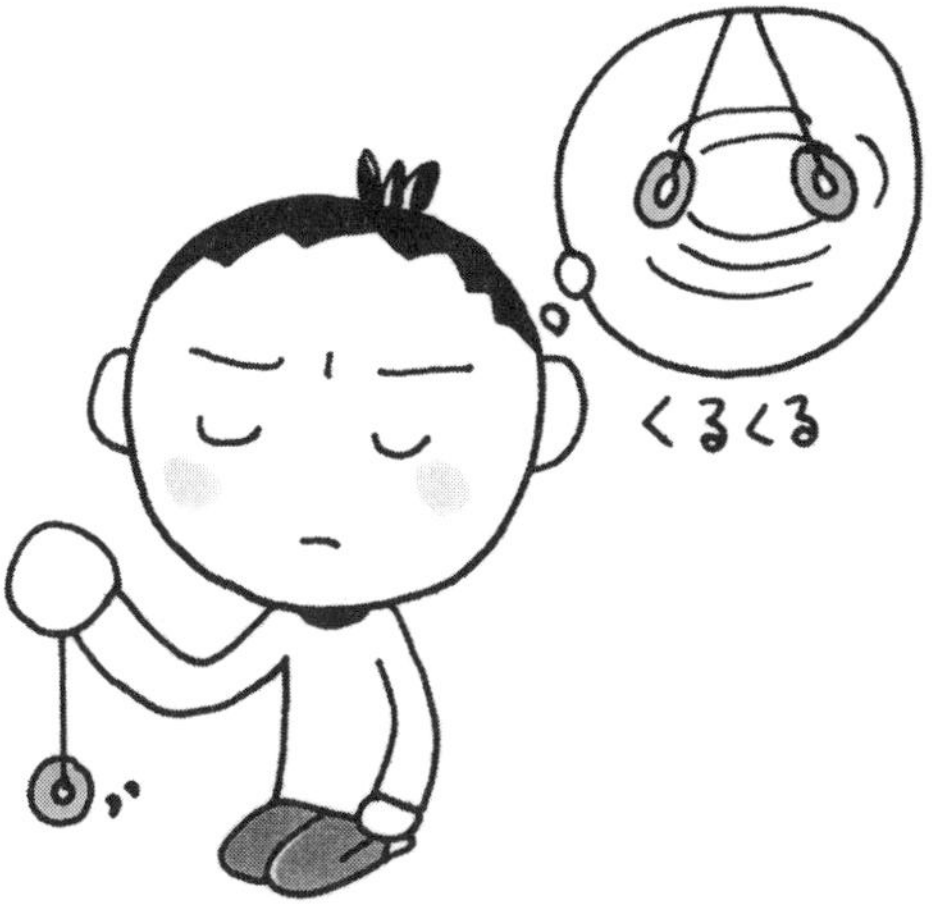

一見すると、超常現象にも思えてしまうのですが、実のところ、潜在意識の脳がそういう指令を身体に送って、それを実現してみせているのです。

たとえば、5円玉に糸を結び、もう一方の糸端を指でつまんで吊してください。そして、手を動かさないまま、「5円玉が円を描いて回っている」様子を、頭の中で想像します。できるだけ具体的に念じると、本当に5円玉が動き始めることでしょう。

まるで念力ですが、実際には強く念じることで、本人が意識しないうちに、5円玉を回すように指を微妙に動かしているのです。

「念ずれば通ず」という言葉があります。将来に熱い思いを馳せたり、夢を持ったり、強く願ったりすると、ほんとうに叶ってしまうことがあります。私はこれも一種のイデオモータだと広い意味で解釈しています。念じると、無意識のカラダが自然と反応して、目標を叶えようと始動します。

運動会の前には先頭でテープを切るところを想像する。受験前には合格したところを想像する。スピーチの前に聴衆が感心しながら聞いてくれるところを想像する。料理をするときには彼氏が「美味《おい》しい!」と言ってくれるところを想像する。

想像はできるだけ具体的なほうがよいと思います。すると本当にそんな気になってきます。気分も乗ってきます。成功した姿を演技したら、その写真を撮って貼っておくのも手かもしれません。

私の友人に、「将来は社長になる」と夢みて、若い頃から「代表取締役・社長」と肩書きのついたニセ名刺を作ってポケットに忍ばせていた人がいます。今ではいくつもの会社を経営する大企業家になっています。

以上が「Ⓑ」「Ⓔ」「Ⓡ」「Ⓘ」の私なりの解説です。この4つのスイッチをうまく活用しながら、ぜひ脳の奥に恥ずかしそうに隠れている淡蒼球を刺激してみましょう。皆さんの人生にまちがいなく新しい世界が開けることでしょう。

「マンネリ化」も先にわかっていれば大丈夫！

最後にもう一つだけ記しておきたいことがあります。それは「マンネリ化」です。マンネリ化といっても、本文にあるように、「面倒なことでも慣れてしまって苦でなくなる」という善玉マンネリ化と、「あきてしまって刺激が減る」という悪玉マンネリ化の２つがあります。マンネリ化は必ず起こります。これを避けることはできません。とくに悪玉マンネリ化は本当にやっかいです。

この本の目的は「悪玉マンネリ化を退治する」ためのノウハウを皆さんに知ってもらうことにありました。しかし、私たちが伝えたかったことは、それだけではありません。もう一つの大切なメッセージは「誰だってマンネリ化するんだ」ということ。つまり、そもそも「脳はマンネリ化するようにプログラムされている」ということを知っておいてもらいたかったのです。

意気ごんで何かを始めたのに、ほどなく「なんだか面倒くさい」「さぼっちゃおうかなあ」という心が芽生えたとしても、脳がそうデザインされているのだから仕方がない。それをもってして「私ってダメな人間だなあ」と落ちこむ必要なんかないのです。誰でもそう感じる瞬間はあります。ただ、その瞬間、次にどんな行動をとるかという選択のときに、ほんのちょっとした心掛けがあると、結果が正反対に変わりうるのです。

なにはともあれ、「いつかマンネリ化しちゃうだろう」と予期しておくことは大切です。こうした構えを、脳研究者は「準備された心」(プリペアード・マインド)と呼びます。将来起こりうる事態をあれこれ予想しておくと、実際にその瞬間が訪れたとき、より適切な対応ができるようになります。

心の中で予行演習ができていれば、いざ憎きマンネリ化が襲来しても、それは単なる予定調和。「とっくにお見通しなんだよ」と、マンネリ化との闘いも随分と有利になるはずです。

無理せず少しずつやることがなによりも大切

そんな具合に一歩一歩進んでゆくと、ある日ふと振り返れば、一度始めたことを途中で投げ出さずに、最後までやり遂げることができる自分に変身していることに気づくはずです。

いずれにしても、ねばり強く進むためには、気合いややる気が大切です。そして同時に、頑張りすぎないことも肝心。長続きする人は案外とスローランナーが多いです。成功を急いでいる人は長続きしない。だから無理せず少しずつやることが大切なのです。当たり前のこともできないのに、大きな夢ばかり追いかけて、結局叶わなくてくすぶっているとしたら、ホントに格好悪い。小さなことでもいいのです。当たり前なことこそ大切なのです。本書を読んで、そんなことに気づいていただけたとしたら、どんなに高価な宝石よりも、素晴らしい宝物を手に入れたようなものだと思います。

　最後になりましたが、上大岡トメさん、穂原俊二さん、刺激的な時間を共有できましたこと、そして、こんなステキな本を出すチャンスを与えてくださいましたことを、心からお礼申し上げたいと思います。「このユニットで第2弾、第3弾と出してゆくことができたら嬉しいなあ」と、早くも楽しい未来に思いを馳せています。

長続きの秘けつは
スローランナー
蒼い玉を
味方にして
つづけよう

あとがき

上大岡トメ

「継続は力なり」。うちの近所の塾の入り口に、ど――――んと貼ってあります。毛筆タッチで。

小学生のころから、学校や塾の先生、親から繰り返し聞いたコトバ。でも、常に遠いところにいました。予定表だけはつくるのが好きな私。でも、最後まで実行されたためしがない。その繰り返し。「コツコツと続ける」ことは、自分に絶対できるわけない、と思っていました。私の『やる気』の有効期限は、とても短いと。

でも蒼い玉、淡蒼球が脳の中にあって、そこからやる気が出ているという話を初めて池谷さんにうかがったとき、ホントに驚きました。そんな宝物が、自分の中にもあるなんて!! やる気を自在に出してみたい、そう思いました。

池谷さんの話を聞いていくうちに、あの『キッパリ!』のテンコブポーズも、実はカラダを動かすことで、淡蒼球のスイッチを入れてた、ということを知りま

ストップしちゃってることだってあきらめられないんだったら
もう1回始めればいーじゃん

した。自分の体験からたまたまできたようなポーズですが、科学的根拠があったとは!! ビックリです。そしてカラダを動かすこと以外にも、私たちの身のまわりにもたくさんスイッチがあるんです。それも、いつでも入れられる。

この本『のうだま』の制作を進めているうちに、とにかく4つのスイッチを、とっかえひっかえ入れたら、やる気が出て続けることができるということを知りました。ものすごい収穫です！ 現に、私の英語の勉強は続いています。

「続ける」、というのはすごく地道だけど、全てはここから始まると思います。続けないと、自分に合ってるかもわからない。続けていたら、何か自分の中からいいものが、予想外のものが出てきそう。

この本の中で、最初の目標は20回ですが、欲をいえば私の中では、10年というのが大きな目標です。これ、と思ったものは、10年は続けたい。

途中で少しお休みをはさんでもいいから、続けましょう。何かが見えてくるはずです。

池谷裕二さんとの出会いによって、「人間ってすごいんだ」とさらに思うようになりました。年齢なんて関係なく、可能性がどんどん広がっているようです。もっともっと、続きを見たい。出会いに感謝です。ありがとうございます。

そして、最後になりましたが、ここまで読んでくださったみなさま、ありがとうございました。ぜひ、三日坊主を脱却しましょう。

本の制作にあたり、幻冬舎の穂原俊二さん、プリグラフィックスの川名潤さん、そして、私をいつもサポートしてくださるたくさんの方々、ありがとうございました。

また、お会いしましょう♪

おまけ

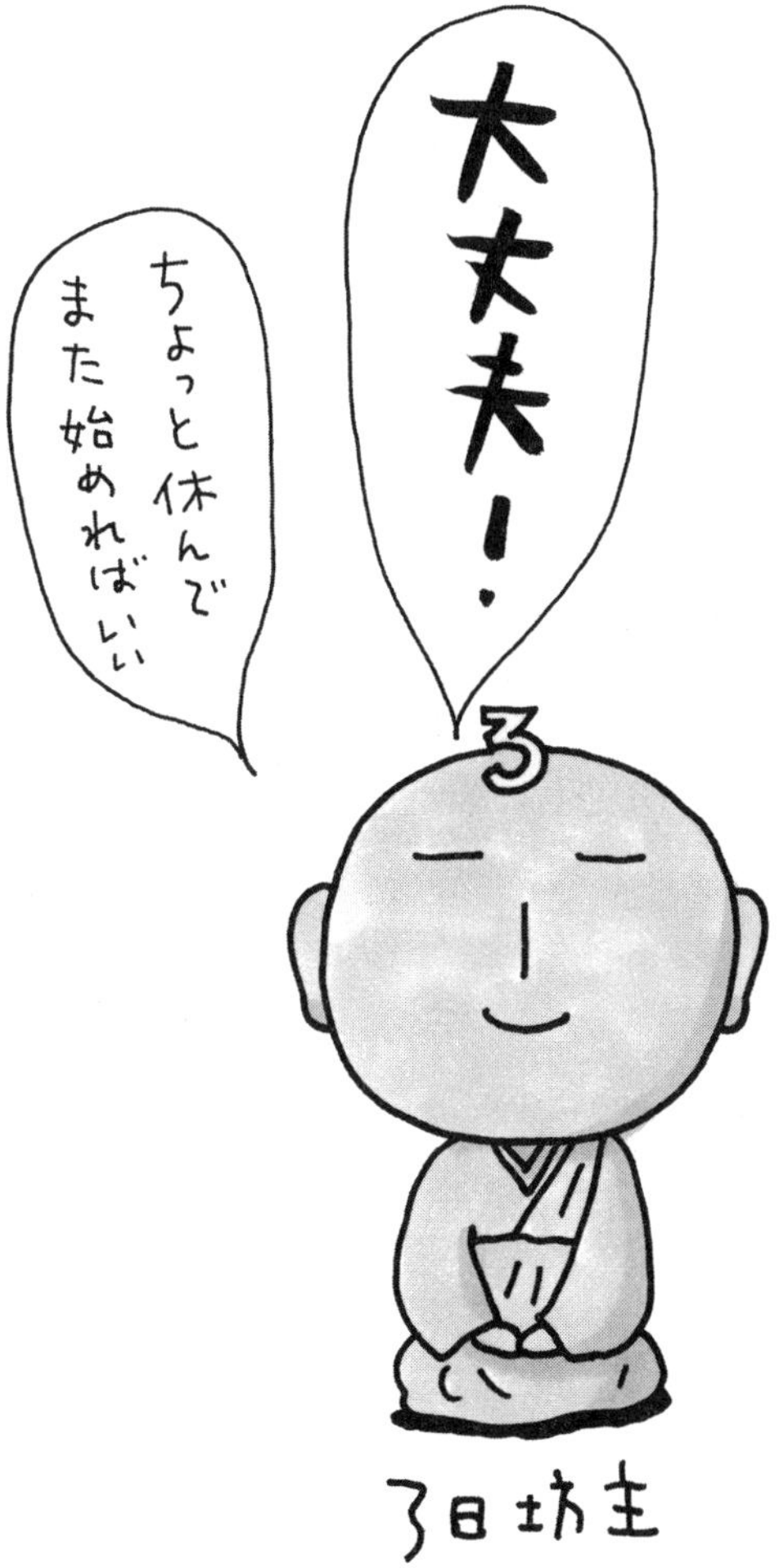
大丈夫！
ちょっと休んでまた始めればいい
3日坊主

のうだま

やる気の秘密

2008年12月10日　第1刷発行

著　者　上大岡トメ&池谷裕二
発行者　見城 徹

発行所　株式会社 幻冬舎
〒151-0051 東京都渋谷区千駄ヶ谷4-9-7
電話　03(5411)6211(編集)
03(5411)6222(営業)
振替　00120-8-767643

印刷・
製本所　株式会社 光邦

検印廃止

ISBN978-4-344-01595-1 C0095
幻冬舎ホームページアドレス　http://www.gentosha.co.jp/

この本に関するご意見・ご感想をメールでお寄せいただく場合は、
comment@gentosha.co.jpまで。